法律与语言译丛

沙丽金　程　乐◎主编

FIGHTING OVER WORDS

Language and Civil Law Cases

文字之讼
——语言与民事案件

[美]罗杰·W.舒伊◎著
Roger W. Shuy

沙丽金　张　茜◎译

中国政法大学出版社

2013·北京

文字之讼——语言与民事案例

Fighting over Words: Language and Civil Law Cases

by Roger W. Shuy

版权登记号：图字 01 – 2010 – 7424 号

《法律与语言译丛》编委会

罗杰·舒伊（Roger Shuy，美国乔治顿大学终身教授，牛津大学《语言与法律丛书》主编）

冼景炬（香港城市大学教授，法律语言项目负责人）

安妮·瓦格纳（Anne Wagner，法国国立滨海大学法学院教授，国际法律符号学圆桌会议主席，《国际法律符号学期刊》主编）

吴伟平（香港中文大学教授，香港中文大学新雅中国语文研习所所长）

法律与语言：交汇处
（代总序）

该《法律与语言译丛》致力于在批判法律研究与文化法律研究的综合架构下寻求记录衔接法律与语言的不同历史、文化以及交际链接；该《法律与语言译丛》亦旨在通过整合包括法律与哲学、法律符号学、法律语言学、法律诠释学、法律与文学、法律与美学、交际理论、修辞学、大众文化、法律与影视研究、视觉法理学等多样的研究传统推进关于法律、语言、符号学以及视觉性运动的性质和范畴的国际性的、跨学科的论辩。

该《法律与语言译丛》不仅是广大学生和学者的学习法律与语言主要渠道，而且也是研究当前的和正在显现的包括法学理论、法律实践以及法学方法论等问题以及话题的鞭策。

法律是一种符号建构，因此有赖于多种运作。对有些人而言，法律的意义源于意识形态，而对另外一些人而言，法律的意义源于多数人的福祉。然而，显而易见的是法律作为一种物质结构的概念化蕴含着日常生活的符号。在法律与语言领域内所作的分析表明，法律的符号性不能仅通过自我指向来理解严格意义上的"法律"意义。法律是一种传递现实的符号，一种本身就受现实、政治、道德等感染的符号。法律与语言则是多种传统之间的显著交汇处，因为在此关于法律的所有讨论都能找到一个共同的场合。

法律由创建意义网络的符号形式组成[1]，在此互换与弹性是必须的。罗伯特·凯维尔森（Roberta Kevelson）[2] 常把现实比作根据观察者的角度而恒变的万花筒：

"法律中的符号学旨在揭示法律程序的过程，因为法律在每个案件中发展，并且在案件体系作为运动与发展中的整体之运动着的那些部分继续着。"

晦涩与清晰可以采用以下形式：①遍布的人工制品、符号、信仰以及神话；或②在不同的政治、法律以及文化语境中作为法律与语言某些方面的观察者、读者、听众或者一些其他感官回应的直接参与者。罗森（Rosen）[3] 评论如下：

"…… 法律过程包含、塑造、改变文化行为与取向。法律与文化之间的复杂相关性不仅仅是公民赋予法律文化包袱以及法律寻求向公民宣称合法性的结果。社会正义（或至少道德意义上的多样性）所依赖的不仅是法律自治，还包括法律与文化的相互依赖。这种相互依赖至少在某种程度上是必要的，不仅仅是因为法律对于具有多样文化的人群而言非常重要，更是因为法律应该能够与时下索求未能得以承认的群体对话。"

---

〔1〕 Eco, *A Theory of Semiotics*, Bloomington：Indiana University Press, 1970.

〔2〕 Roberta Kevelson, *Law as a System of Signs*, New-York：Plenum Press, 1988, p. 49.

〔3〕 Rosen, "Liberal Battle Zones and the Study of Law and the Media", *Law and Human Behavior*, 1990, Vol. 14, No. 5, p. 517.

　　该《法律与语言译丛》将展示，在具有令人惊讶的视角与语境的多样性的当代世界法律与语言理论前沿以及从法律、语言和符号学角度对具体社会与社区发展的分析。同时，该《法律与语言译丛》关注法律与法律语篇的恒变概念。其中两种元素是最基本的但性质相异：变化的法律不同于变化的符号活动。两者都以符号作为共同特征。全球范围内的未来社会体系是多样化的。这可以联想到伯格斯所言："故事从此至彼，不断延伸，直到回到故事的开始，使得路径无尽敞开。"[1]

　　上述理念在展示和传播信息的多样性方面对于《法律与语言译丛》而言是一个切实的挑战。正是这种多样性形成了我们未来的挑战，这是《法律与语言译丛》的动力，也将有利于更好地了解西方对于法律与语言的研究。

安娜·瓦格纳

国立滨海大学（法国）　中国政法大学（中国）

2012 年 2 月

---

[1] Borges JL, *Fictions*, New-York, Grove Press, 1962, p. 75.

译者序

　　本书是一部实用性强、内容翔实的法律语言学著作，细致入微地展示了各类案例中的语言学分析，透彻地论证了法律语言学研究在法律诉讼中的广泛应用。近年来，在法律案件的取证和审理中，法律语言学研究起着越来越重要的作用。引入这样一本兼具理论性和实用性的法律语言学著作，对法律语言学在中国法律实践中的应用具有重要的启发和指导意义。

　　本书的作者为罗杰·W. 舒伊教授，舒伊教授多年来受邀作为各类案件的语言专家证人，积累了丰富的经验。他认为，只有在法律案件应用中，法律语言学研究才能走出学术的象牙塔，不断地细化和深化，更具实用性。正如书中所言："法律案件中蕴含着大量真实的语言，这些语言来自于真实的人物，他们提出了切实的语言问题，亟待解决……这种分析可以在课堂的抽象世界和真实的日常生活之间架起一座互动桥梁。"

　　本书主要基于民商法案例中的语言证据，尽可能地列举了商业活动中可能出现的各种纠纷，如产品名称、产品推广、产品责任、产品或服务营销、劳动纠纷等，包括商业合同纠纷、贸易欺诈、产品责任、版权侵犯、职场歧视、商标争议和采购欺诈七个部分，每个部分又列举出各种案例，每个案例分析都分为案件背景简介、证据资料和语言学分析三部分，结构清晰，组织严密，便于读者学习和查阅。作者从字句到篇章，分析论述证据资料鞭辟入里，援引了大量字典释义和语料库资料，选取运用了形态学、句法学、语义学、语用学等研究手段，淋漓尽致地向读者展示了如何通过语言学分析提供有力的专家证据，以协助案件审理。

这样一部法律语言学著作的翻译，无疑需要花费译者缜密的心思和大量的时间和精力。首先，语言学研究考察的是字句篇章的细微之处，而本书所涉及的又是英语法律语言学研究，因此，在翻译中既要充分地还原英文原版中的语言学分析和论证，又要考虑到中文读者的理解需求，这不可避免地要置译者于两难境地，难以求全。于是，本书在必要的地方，尤其是在证据资料方面，采取了两种语言对照的形式，这样既能充分地展示出原文的语言学分析论证，又便于中文读者理解文本含义，表里兼顾，虽然有时也未免显得篇幅臃肿，但这也是没有办法的办法。其次，对于案例中的每份文字资料，英文原版都力求还原原文件的打印格式和文件设计样式，翻译过程中也尽可能地予以考虑。但是由于中英文表达和字形差异较大，某些文件设计样式是无法复制的，如首字母大写、特定位置的文字换行等，翻译中只能采取各种方法加以弥补，尽量地既符合原文，又满足读者阅读的需要。最后，文中包含大量的人名、地名和公司名，对于一些比较常见的名称，译本中一般采用了约定俗成的译名，但对于那些较生僻的名称，根本无法找到现成的翻译，因此，译者只能暂且采取汉语音译或者英文字母加汉字的方法，尽量忠实于原文。

本书是"法律与语言译丛"系列丛书之一，由中国政法大学出版社出版。本书英文版的翻译工作由中国政法大学沙丽金教授和装甲兵工程学院教师张茜共同完成，沙丽金教授对全部译稿进行统一审校，修改后定稿。

翻译无止境。译者翻译水平有限，倘有不当之处，恳请读者不吝赐教。

译　者

2012 年 5 月 6 日

导 论

在很大程度上，商业运作是以语言为媒介的。很明显，那些借助语言从事商业贸易的人们大都忽略了这一点，他们往往对语言司空见惯，甚至几乎无视其存在。然而，在日常生活中，我们几乎做任何事情都离不开语言这个重要工具。我们学习语言，我们热爱语言，我们用语言交易，甚至连数学运算都离不开语言。人类生活的方方面面都离不开语言，商业领域也不例外。

语言意识

这里有必要探讨一下语言意识的三个层次。语言意识的第一层次就好比我们日常生活中的各种习惯性活动，比如骑自行车或者上楼梯。这些活动根本上升不到我们的意识层面。实际上，假如我们太刻意地去做这些事情，反而很有可能会引发不必要的事故。这些活动做得越是熟练，就会变得越来越习惯化，越来越机械化。这也解释了为什么现在我们可以边开车边喝咖啡、听收音机、听 CD 或打电话了。同样，用母语交流时，我们通常会忽略语言本身。对于大多数成年人来说，交流是一种较为习惯化、机械化的活动。否则，我们的交谈就会一字一顿了。

语言意识的第二层次以那些公开发表文字或言论的人为

例，如诗人、政客、小说家、神职人员、政治家或记者。从某种程度上来说，在商业世界中，语言运用的意识更为强烈，因为在这里，措辞必须小心谨慎。例如，合同的起草和签署、员工的聘用和解聘、广告制作、产品与服务贸易、书面指示与警示说明、他人和产品特征以及商号创制，更需要精心措辞。语言意识也因此得以增强，人们更加注重语言运用的功能和效力，但有时，即便是这一层次的语言意识也是远远不够的。所以许多公司通常聘请律师作为顾问，以免公司惹上文字诉讼的麻烦。

第三层次，也就是语言的最高层次，可以通过以下事实来体现：尽管有经理和律师把关，一些公司有时还是会因措辞问题而陷入商业纠纷，甚至法律诉讼。例如，合同的措辞可能模棱两可或引发争议；聘用或解聘合同上的文字可能具有歧视嫌疑；促销广告可能被指控有误导或欺诈嫌疑；销售合同、委托合同等可能措辞不清，导致双方严重分歧；商品警示说明可能被指控不足以保护消费者；甚至公司的名称都有可能被竞争对手指控侵犯商标权；某些公开声明引发的争议经常升级为法律诉讼。在语言意识的第三层次，参与者高度关注语言如何运用，因为运用不当就往往引发诉讼。本书探讨的就是这第三层次，因为在高层次的语言意识领域，语言学研究将大有裨益。

律师与语言学家的相互作用

尽管律师大都精通语言，但还是有许多公司案件发生，这也表明他们的语言精通程度仍然不够，否则其客户根本就不会惹上官司。律师的专业领域主要还是法学，而不是语言学。他们不必去领会那些引发语言之讼的音位学、形态学、句法学、语义学、语用学、话语分析和词典编辑规则。并且，他们往往没有经过什么专门的语言学训练。

虽然他们不是语言学家，但大多数律师上手很快，似乎他们大都能以神奇的入门速度涉足各种基础科学领域，如经济学、农学、医学或者其案件涉及的任何领域。然而，即便他们可以掌握这些领域的相关内容，往往还需要农学家、经济学家和物理学家作为专家以其权威性和可信度出庭作证。

在某种程度上，语言学家和其他专家证人的专业科学领域相似，但也存在着明显不同，主要有两个方面：其一，正如上文所述，语言学往往被人忽视；其二，语言具有复杂性，只有语言学家才能更真切地意识到这一点，并加以恰当分析和处理。大多数律师和法官未能充分意识到语言学的重要性，更没有意识到语言学在处理法律纠纷中的作用。

同样，语言学家也并非精通法律。语言学家大都是学术型的，忙于传授语言学理论和方法。只有少数语言学家意识到：从法庭诉讼现场获得的资料对于他们来说无异于一场知识盛宴。法律案件中蕴含着大量真实的语言，这些语言来自于真实的人物，他们提出了切实的语言问题，亟待解决。从某种意义上说，有关语言争议的诉讼亟须语言学分析，这种分析可以在课堂的抽象世界和真实的日常生活之间架起一座互动桥梁。

本书的读者

本书的读者主要分为三类：律师、语言学家和学生。很明显，一本书很难兼顾三类读者群体的需求，因为，毋庸置疑，这三类读者都希望本书用更多的篇幅从各自的视角论述。然而，一本书如果要平衡各领域之间的关系，就不可避免地会出现一些不足和折中之处。律师们可能会发现本书并没有涵盖他们认为重要的内容，或者并不全面，但他们也应当认识到，本书并不是一部法律教科书。本书的目的在于让律师们了解如何运用其他领域的知识——如语言学——处理书面语，有时甚至是口头语中的复杂问题。

同时，本书还对语言学家们提供了研究空间，促使他们将语言学知识运用到法律领域中。其目的不在于向其传授语言学知识，因为这完全没有必要，而是使他们意识到，法律实践为其进行案例和数据分析、甚至课堂教学提供了一座实实在在的宝库。近年来，语言学和法学的交叉领域正在不断地发展，这会成为一种很有发展潜力的交叉学科，能够推动语言学研究和理论在这一重要社会领域中得到运用（Shuy 2006）。

对于学生读者来说，本书不仅是本人二十多年来协助处理法律案件经验的总结，而且提供了大部分经本人分析的真实案例。本书为学生读者提供了难得的接触案例的机会，他们可以就案例提出支持或反对意见，甚至双向意见。值得特别注意的是，本书中的分析都是以前做的，如果现在本书作者再重新分析一遍，就可能另当别论了。

法律案件的对抗性质

值得一提的是，本书的语言学分析有时从原告的角度出发，有时从被告的角度出发。在大多数案件中，无论从哪个角度出发都能提出有力的论据，学生读者也有可能提出对方观点的论据。正如本人之前所说（Shuy 2006），专家证人的作用是提供对律师当事人一方有利的分析。这些分析不得歪曲证据，也不得忽略可能得出的反面结论。同时，专家证人或顾问应当时刻准备着应对可能出现的反方意见和分析。各领域的专家都竭尽所能地与律师合作，但是最终哪些证据被呈送法庭，这还得由律师决定。那些不能支撑律师观点的专家证据往往不被采用。并且，双方专家们做出的分析可能相互矛盾，因为一个问题往往存在着多种合理解释。正如语言学家们所见，对于一个有争议的问题来说，答案往往不一而足。

本书的结构框架

以下章节论述如何通过语言学分析帮助公司律师代理当事人进行诉讼。这些章节通过案例说明近年来如何在庭审中的专家证言、专家报告和书面证词、证人证言或者诉讼当事人的咨询中运用各种语言学研究手段和分析程序。

本书不可能涵盖各类公司民事案件。一方面，公司案件大多为合同争议、欺诈贸易、产品质量、侵犯版权、歧视、商标纠纷、采购欺诈类案件。需要注意的是，语言学家如何帮助公司分析确定所收到的恐吓信息或恶意邮件的来源，本书并没有涉及。这是因为此种分析只是一种调查性分析，而且分析的数据往往在数量和种类上有限，因而要在法庭上证实这种不成熟或者说不完整的分析成果是很难的，甚至是无意义的。当然，这种分析可以协助调查，但是这更适合帮助调查者缩小嫌疑人范围或者确定写信人的特征。并且，关于笔迹识别和语音识别的文献现在已经越来越多，各种相关的法律语言学研究方法层出不穷（McMenamin 1993，2002；Olsson 2004；Chaski 2001）。同样，本书也没有提及话语人识别问题，因为相关内容已在其他许多文献中有所论述（Baldwin and French 1990；Hollien 1990，2001）。

本书通过案例探讨了几乎所有语言学研究手段。语音学可以用于分析案件中的录音证据，还有助于分辨商标名称的异同。形态学工具可以用于产品质量、版权和商标侵权案件。句法学分析可以用于合同纠纷、产品责任和采购欺诈案件。语义学分析可以用于合同纠纷、欺诈交易、产品责任、采购欺诈和商标案件。话语行为和语用学分析往往有助于分析商标侵权、采购欺诈和产品责任案件中警示说明的隐含意义。话语分析通常用于产品责任、交易欺诈和商标侵权案件。语言演化过程分析用于协助律师处理欺诈交易和商标侵权案件。在许多情况下，口头语或书面语是否容易理解，不在于语言如何运用，而在于文件设计的优劣，包括打印格式、文字清晰度、可读性、语法句式。从理论上说，文件设计并不属于语言学范畴，但是，从心理语言学（甚至符号学）层面来讲，文件设计会影响对书面文本的完整理解，这是不可忽视的（Tinker 1965，1969；Felker et al. 1980）。

8 　　本书中每个案例分析都分为三部分。首先简要介绍案件背景，接着列举案件中与证据相关的文字资料，最后就每个案例进行语言学分析。

　　对于案例中的每份文字资料，本书都尽可能地采用原件的打印格式和文件设计样式*，插图除外。然而，读者也会发现，本书并没有涵盖律师寄给本人的所有资料。这很正常，因为律师有时并不了解语言学家具体能为他们做些什么，所以他们会提供许多与语言学分析毫不相关的文件。然而，本书并没有收录所有资料，这未免还是有些可惜，尽管法律语言学家们需要花费大量精力进行筛选。显而易见，有时律师们也并没有把语言学家认为有用的资料全部提供给他们。如果语言学家们对此并不知情，他们也只能将就分析那些手头上的资料。一旦对方律师恰好提出专家证人见所未见且毫不知情的资料，那么他们就错过了唯一证实上述资料的安全港。

---

　　* 译文中在有必要的情况下采用了译文与英文原文对照的形式。——译者注

值得一提的是，本书绝大多数案件中都包含着大量语言学分析范畴以外的证据和论据。并且，本书收录的资料往往节选自较长的文本，如书面证词、法庭证言或大规模电子搜索结果。要在本书中展示完整的文本是不现实的。然而，本书也给出了原文本和完整文本的参考文献。由于本书只讨论了案件的语言学问题，哪一方最终胜诉有时并不重要，要知道，当事人胜诉还是败诉，其代理律师要为此承担相应的责任，而语言学专家证人却完全不必如此。

尽管本书没有涵盖公司法领域语言诉讼的方方面面，但也尽可能地列举出了公司业务流程中可能出现的各种纠纷，如产品命名、产品推广、产品责任、产品或服务营销、合同签订以及聘用和解聘等劳动纠纷，从律师读者的角度来讲，本书的七个章节是以律师惯用的民事案件分类方式来组织的，包括合同纠纷、贸易欺诈、产品责任、版权侵犯、职场歧视、商标争议和采购欺诈。采用这种结构形式是为了使语言学读者们懂得，他们必须从律师的角度出发，以律师的方式思考，将语言学知识应用于与案件有关的法律内容中，另一个目的是为了便于那些专门处理一类或几类案件的律师查阅。

值得一提的是，本书各章节讨论的案件数目不一，其原因之一是，本书仅收录作者曾经参与过的案件。举个例子来说，尽管语言学家很善于处理剽窃案例，但这一问题属于道德范畴，而不是法律范畴，至少在美国是这样。在类似版权侵权的案件中，语言学分析报告非常罕见。本人仅参与过一次版权案，因而本书也仅仅列出一个案例，希望参与过此类案件的其他语言学家可以做进一步探讨。同样，本书也仅仅收录了一个采购欺诈案件，这主要是因为此类案件冗长而复杂。然而，本书中大部分案件都列举了至少两个案例。每类案件数目不一的另一个原因是，某些案件包含大量数据，由于篇幅原因，不可能一一论述。

最后，值得强调的是，本书收录的案件都是经过本人精心分析过的。

目　录

第三部分 产品责任

第四部分 版权侵权

第五部分 歧 视

第六部分 商 标

第七部分　采购欺诈

第一部分
商业合同纠纷

人类发明文字，标志着现代文明的发展。从此以后，故事可以记录下来，而不单单是口口相传；宗教思想可以付诸文字，完善保存；法律事务和诉讼可以作为先例，更具有沿承性和永久性意义。首先，自从书面语进入法律实务，书面文件（如合同）的功能就在于记录之前达成的口头协议。随后，人们开始关注书面文件本身，如蒂尔斯玛（Tiersma 1999，37）所说，口头证据规则（circa 1604）阻碍了口头协议证明或证据演化为书面合同。索兰（Solan 2001，89）发现，依赖书面文件也有一些积极作用，例如，降低了合同理解问题上因记忆缺陷而引发伪证的几率，提高了庭审速度。合同不仅仅是双方之前口头协议的总结报告，而且成为了实实在在的契约，有效地限制了口头证据的发展。但是，即使是书面语有时也并不那么清晰易懂，使得人们开始质疑口头证据规则的某些规定。索兰（Solan 2001，94）认为，在某些情况下，"需要通过语境来解释某些似乎一目了然的语言"。今天，关于口头证据的辩论依然在继续。在合同模棱两可、不完整或条款自相矛盾的情况下，需要额外的语境证据，这时就需要语言学分析发挥其应有的作用了。

书面商务合同为语言学分析提供了广阔的空间，对于普通读者来说，合同措辞十分晦涩，看起来往往盘根错节，充斥着大量术语，但从律师的角度来看，这是有合理原因的。从根本上讲，合同由双方的承诺构成，一方的承诺以另一方承诺作出某种行动或行为为条件。合同签订之前，双方必须达成一致意见。合同往往会超出合同原本的规定范畴，牵扯到有关要求或禁止做某事的额外考虑。但是，合同的起草人有时会词不达意，合同的签署人有时也并不清楚合同的规定。

产生合同异议或纠纷的时候，语言学家有时会受邀协助解决语言问题，很明显，语言学家们不可能（甚至根本不必尝试）确切得知缔约人签约时的意图及其对合同的理解。没有人能做到这一点，但是语言学家可以通过分析文本信息确定文本可能蕴含的各种含义，以及签约人可能对文本产生的不同理解，无论签约人当时的想法或看法如何。

蒂尔斯玛（Tiersma 1999）提出，在一些关键领域，起草人可能需要对合同进行一些润色，包括简化词语和句子，运用实义动词，避免滥用法律专业术语，避免运用过时的拉丁语和外来词汇，运用常用易懂的词语来撰写合同条款，避免合同方指代不明，避免一个句子中包含超过一个有条件条款，避免滥用交叉引用，暂时搁置符合语法的双重否定（如"这不是不可能")和双重排除的表达法。

以下通过四个案例来说明如何运用语言学分析解决合同争议问题。第一个案例中,一个保险公司称,在其保单中,"or"(或)一词实际上是指"and"(和)。第二个案例涉及对动词短语"to contract"(签约)的不同解读。第三个案例涉及短语"in competition"(在竞争中)和"or an ownership, directorship or other policy making executive position in the competing enterprise"(或者担任竞争公司主管职位、董事职务或其他决策管理职位)的语法辖域、语调和语义。第四个案例中,合同中运用了一个具有主观意义的副词"effectively"(有效地),这意味着合同并没有就质量标准做出明文规定。合同中还运用了动词"limits"(限制),却没能给出该词的适用或容许范围。并且,"customer"和"trip"两个名词在该合同中的意思超出了其常用含义的范畴,由此引发了对合同本意的多种理解。

以下与合同纠纷相关文献,可供语言学家参考:

Blum, Brain A. 2001. *Contracts*, 2nd ed. New York: Aspen.

Garner, Bryan. 2001. *Legal Writing in Plain English*. Chicago: University of Chicago Press.

Kimble, Joseph. 1992. Plain English: A charter for clear writing. *Thomas M. Cooley Law Review*. 9. 1: 1~58.

Solan, Lawrence. 2001. The written contract as a safe harbor for dishonest conduct. *Chicago-Kent Law Review* 77. 1: 87~120.

Tiersma, Peter. 1999. *Legal Language*. Chicago: University of Chicago Press.

15　第一章　　集体保单中的"or"

彼得·科恩诉大陆灾害保险公司
(Peter Koehn v. Continental Casualty Company) *

有时候，十分常见的外科手术也有可能造成难以预料的结果。彼得·科恩，一位大学教授，发现自己的一只眼睛视力模糊不清，经医生诊断，他患有黄斑褶皱，需要进行外科手术。随后，他向一名外科医生咨询，这位医生解释称其视网膜细胞隆起，建议进行常规削除手术。手术前，科恩教授得知，研究结果显示，该手术仅有 0.07% 的几率失败或引发后遗症，如感染、视力受损或失明。他于 2003 年 11 月接受了该手术，却发现自己不幸地成为了这 0.07% 手术失败案例的受害者。由于手术时或手术后出现化脓感染，术后 12 小时之内，他的一只眼睛失明了。

科恩教授所在大学与哈特福德公司（The Hartford）签订的集体保险合同约定由大陆灾害保险公司（简称"大陆保险"）承保。该保单的投保项目条款中包含一小段所谓的"例外情况"（Exclusions）。科恩教授本以为这次事故在投保范围

---

* 民事案件卷宗号：CV05-113-M-LBE 蒙大拿州米苏拉区，联邦地区法庭（U. S. District Court, Missoula Division, District of Montana）。

之内，就提交了保险赔偿申请，但大陆保险拒绝了他的申请，声称这次外科手术及其不幸结果属于其保单规定的例外情况。随后，科恩教授在律师的协助下将大陆保险告上法庭，要求其支付科恩教授应得的保险金。

资料

16

保单中有一个称为"定义"的部分，其中有以下文字："伤害"指保单被保险人因事故遭受的身体伤害以及因保单范围内的其他原因直接或间接造成的伤害。该保单的"例外条款"完整收录如下：

EXCLUSIONS

This policy does not cover any loss caused by or resulting from：

1. Riding in any vehicle or device for aerial navigation, except as provided under "Air Travel Coverage"；

2. Declared or undeclared war or an act of either；

3. Service in the armed forces of any country. However, order to active military service for 2 months or less shall not constitute service in the armed forces；

4. Suicide or suicide attempt while sane or self-destruction or an attempt to self-destroy while insane；or

5. Sickness or disease, except pyogenic infections which occur through an accidental cut or wound.

例外条款

该保单并不涵盖以下情况引发或者造成的伤害：

---

1. 乘坐航空交通工具或设备，"空中旅行保险"另有规定的除外。
2. 宣战或不宣而战，或者二者中任意一种情况。
3. 在任一国家服兵役。然而，服现役 2 个月或 2 个月以下的情况不属于服兵役。
4. 神志正常情况下自杀或自杀未遂，或者神经错乱情况下的自残或企图自残。或者
5. 健康问题或者疾病，不包括由意外割伤或创伤引发的化脓感染。

语言学分析

本人参与此案件之前，科恩教授的律师已经请其他语言学家对上述 5 项例外条款进行了句法分析。分析表明，可以通过两种方法对其进行语法分析。虽然在合同文本歧义导致的合同纠纷中，原告往往胜诉，但律师并没有丝毫懈怠。于是，他请本人做进一步的语义和话语分析，以支撑其论点。本人分析的重点为第 5 项例外条款。本人认为可以运用语言学分析步骤分析该句。

1. 语义分析——词语含义分析（词汇语义学）和语用含义分析（与字面含义相对应的言下之意）。

2. 话语分析——对在更广泛的语境中所发生的词句的分析。

17 语义分析

以下分析表明从句"which occur through an accidental cut or wound"（由意外割伤或创伤引发）表明该从句中列出了两

种不同的情况：①accidental cut（意外割伤）；②wound（创伤）。

"**or**"

英语中三大连词"and"（和、与、而且），"but"（但是）与"or"（或、或者）的不同作用如下：

- "and"（和、与、而且）表示作者意图顺承某种意思。
- "but"（但是）表示作者意图回转至前面一个意思。
- "or"（或、或者）表示一种双向选择，选择其中一项，或两项都选。

连词"or"在英语中有三个意思：

1. 不同因素中选择其一。例如，你可以选择汤或者沙拉，意思是你可以选择汤**或者**选择沙拉。
2. 同种因素的近义词。例如，野生生物是自由自在的**或者**无拘无束的；自由自在和无拘无束是间接近义词。
3. 不同因素间不确切的说法。例如，他一个星期锻炼两次**或**三次，意思是他锻炼的频率是不确定的。

在该保单的例外条款中，连词"or"有9次表示选择其一，1次表示不确定，情况如下：

导　　语："caused by **or** resulting from"（引发**或者**造成）【选择其一】

例外条款1："vehicle **or** device for aerial navigation"（航空交通工具**或**设备）【选择其一】

例外条款2："declared **or** undeclared war"（宣战**或者**不宣而战）【选择其一】

例外条款3："2 months **or** less"（两个月**或**两个月以下）【不确定】

例外条款4："suicide **or** suicide attempt while sane"（神志正常情况下自杀**或**自杀未遂）【选择其一】

"suicide **or** suicide attempt while sane **or** self-destruction **or** attempt to self-destroy while insane"（神志正常情况下自杀**或**自杀未遂，**或者**神经错乱情况下自残**或**企图自残）【选择其一】

"self-destruction **or** an attempt to self-destroy while insane"（神经错乱情况下自残**或**企图自残）【选择其一】

例外条款5："sickness **or** disease"（健康问题**或者**疾病）【选择其一】

"cut **or** wound"（割伤**或**创伤）【选择其一】

值得注意的是，在例外条款4的末尾，连词"or"又出现了一次，表示在以上4种例外情况之外，还有第5种例外情况。这里的"or"并不在例外条款中起选择连词的作用，只是表明了上述4个例外条款之外还有一个追加条款。因此，"or"在这里实际上有"并且"的意思。

当作者意图表明一个意思的延续时，应当在两个不同的因素间选用连词"and"。当作者意图表示转折时，应当在两个不同的因素间选用连词"but"。当作者意图在两个不同的并列因素间选择时，应当选用连词"or"。正如该保单中的例外条款所示，绝大多数"or"的运用都表示在不同的因素间选择。

"cut"与"wound"

虽然一般词典中很少对"cut"与"wound"的定义做详细区分，但是分析这两个词的语境用法，分析其含义是破坏皮肤还是其他外部组织表层，这是十分有意义的。在一般语境下，除非是在外科手术和军事领域，"cut"是指一个人遭遇意外事故或行为的结果，以下列句子为例（带星号的句子不常用）：

The **cut** on John's face was caused by shaving. 约翰脸上的割伤是刮脸造成的。

I got a **cut** on my finger from a sheet of paper. 我被一张纸割伤了手指。

Her arm received a nasty **cut** from the broken glass. 她的胳膊被碎玻璃严重割伤了。

＊The **wound** on John's face was caused by shaving. 约翰脸上的损伤是刮脸造成的。

＊I got a **wound** on my finger from a sheet of paper. 我被一张纸损伤了手指。

＊Her arm received a nasty **wound** from the broken glass. 她的胳膊被碎玻璃严重损伤了。

在军事语境中，战斗中造成的伤害一般被称为"wound"（伤）。在军事领域，"wound"是敌人故意、蓄意行为的结果。以下列句子为例（带星号的句子基本上不可能出现）：

The soldier received his **wounds** in Iraq. 这个士兵在伊拉克受伤了。 19

The soldier's **wounds** healed in two months. 这个士兵的伤在两个月之内愈合了。

＊The soldier received his **cut** in Iraq. 这个士兵在伊拉克被割伤了。

＊The soldier's **cuts** healed in two months. 这个士兵的割伤

在两个月之内愈合了。

在外科手术语境中，"cut"（切割、切口）是有目的、有意图手术行为的第一步，而"wound"（伤口）是"cut"行为有计划、有目的的结果。外科医生有目的地进行切割，切开皮肤表层以触及受感染区域。"cut"完成之后的结果通常被称为"wound"。在这种情况下，"cut"和"wound"都是一种有计划、有目的行为的结果。以下列句子为例（带星号的句子不常用）：

The surgeon made a vertical cut into the patient's chest. 外科医生在病人的胸部割开一个纵向切口。

The patient's surgical wound healed properly. 病人的手术伤口愈合得很好。

＊The surgeon made a vertical wound into the patient's chest. 外科医生在病人的胸部切开一个纵向伤口。

＊The patient's surgical cut healed properly. 病人的手术切口愈合得很好。

从"cut"和"wound"的上述用法中可以看出，两词运用的语境对于其用法和含义起着很大作用。除了军事或外科手术语境以外，可以说人们遭到的是意外的"cut"，而不是"wound"。而在军事语境中，"wound"（而不是"cut"）是由敌人蓄意造成的；在医疗语境中，外科医生有计划、有目的地在病人身上做出"cut"，但其后"cut"就变成了所谓的"wound"。该保单的例外条款 5 中，"through an accidental cut or wound"表明两种不同的情况。一种是意外的"cut"，而另一种是有目的、有意图的"wound"，后者正可以适用于外科手术的情况。

话语分析

就例外条款5进行的话语分析表明，当描述例外条款表达的意思相互独立时，"or"可以用作选择连词。作为唯一的例外，"or"还用于表示并且，表明在上述4个例外条款之外，还有一个例外条款5。在上下文一致的语境下，前4个例外条款中连续运用具有分离作用的选择连词"or"，会误导读者将例外条款5中的"or"也理解为选择连词。条款5的从句中也包含一个"or"，然而引导该从句的否定词"except"表明介词短语中"accidental"只用来形容"cut"，而不包括"wound"。 20

运用"or"对比不同的实词含义

该保单的例外条款在短短96个单词中用了11次"or"（比例为11.5%）。选择连词"or"的运用是否表意明确显而易见，分析如下：

导语："This policy does not cover any loss caused by **or** resulting from"（该保单并不涵盖以下情况引发**或者**造成的伤害）

两个独立的、不同的条款：

1. "cauled by"引发

2. "resulting from"造成

因此，此处"or"用作选择连词。

例外条款1："Riding in any vehicle **or** device for aerial navigation，except as provided under 'Air Travel Coverage'"（乘坐航空交通工具**或**设备，"空中旅行保险"另有规定除外）

两种独立的、不同的设备：

1. "vehicle（for aerial navigation）"（航空交通工具）

2. "device for aerial navigation"（航空交通设备）

因此，此处"or"用作选择连词。

例外条款2："Declared **or** undeclared war **or** an act of either"（宣战**或**不宣而战，**或者**二者中任意一种情况）

两种独立的、不同的战争：

1. "declared"（已经宣战）

2. "undeclared"（未经宣战）

因此，此处"or"用作选择连词。

两个独立的、不同的行为：

1. "war"（战争）

2. "undeclared war"（不宣而战）

因此，此处"or"用作选择连词。

例外条款3："Service in the armed forces of any country. However, orders to active military service for 2 months **or** less shall not constitute service in the armed forces"（在任一国家服兵役。然而，服现役两个月**或**两个月以下的情况不属于服兵役）

两个独立的、不同的时间段：

1. "2 months"（两个月）

2. "less"（两个月以下）

因此，此处"or"用作选择连词。

21　**例外条款4**："Suicide **or** a suicide attempt while sane **or** self-destruction **or** an attempt to self-destroy while insane; **or**"（神志正常情况下自杀或自杀未遂，**或者**神经错乱情况下自残**或**企图自残；**或者**）

神志正常情况下的两个独立的、不同的行为：

1. "suicide...while sane"（神志正常情况下的自杀）

2. "suicide attempt while sane"（神志正常情况下的自杀

未遂)

因此,此处"or"用作选择连词。

两种独立的、不同的精神状态:

1. "while sane"(神志正常)

2. "while insane"(神经错乱)

因此,此处"or"用作选择连词。

神经错乱情况下的两个独立的、不同的行为:

1. "self-destruction"(自残)

2. "attempt to self-destroy"(企图自残)

因此,此处"or"用作选择连词。

(例外条款1~4)"or"(例外条款5)相当于前4个例外条款加上第5个例外条款:

因此,此处"or"表示补充,意思等同于"and"。

例外条款5:"Sickness **or** disease, except pyogenic infections which occur through an accidental cut **or** wound"(健康问题或者疾病,不包括由意外割伤或创伤引发的化脓感染)

两种独立的、不同的身体问题:

1. "sickness"(健康问题)

2. "disease"(疾病)

因此,此处"or"用作选择连词。

两种独立的、不同的刺穿:

1. "accidental cut"(意外割伤)

2. "wound"(创伤)

因此,此处"or"用作选择连词。

从上述分析中很容易发现该保单持续运用"or"作为选择连词,表明两个不同的独立因素。*

唯一一次使用附加词"or"在上下文中是有差异的

该例外条款的撰写者运用"or"一词表示这个部分中 5 个独立内容项中提到的事物是相互分离的。"or"仅有一次表示"and",用于在前 4 个例外条款之后补充第 5 个条款。此处的"or"并不表示或涉及例外条款中相互独立的内容。这是一种非常独特的用法,只是表示共有 5 个例外条款。

读者易将"or"理解为选择连词

撰写者一直有条理地在所有独立内容(disjunct)中使用"or",这也使得读者将最后一个"or",也就是"through an accidental cut or wound"(例外条款 5)中的"or"也预测并理解为两个独立的、不同因素之间的选择连词。读者很容易习惯于在该保单前几个独立条款中将"or"理解为选择连词,于是自然而然地将例外条款 5 中的"or"也理解为选择连词。

"意外割伤或创伤"辖域不同

例外条款 5 中否定结构的辖域由否定词"except"引导,为部分否定结构。在包含两个具有限定因素的英语短语结构中,前者的辖域可以涵盖后者(Huddleson and Pullum 2002,794)。例外条款 5 中包含两个限定因素,"through"与"accidental"。该短语由介词"through"引导,涵盖后面的名词短语"accidental cut or wound",也就是说,这句话表达两个意思:"through an accidental cut"与"through a wound"。根据否定范围原则,形容词限定词"accidental"仅就近限定"cut"。意思是,由意外割伤或由创伤引发,其中创伤是限定词"accidental"辖域之外的。总而言之,第一个限定因素"through"涵盖后面的两个因素,而第二个限定因素"accidental"仅就近涵盖被限定词"cut",而并不涵盖后面的"wound"。

有时恰恰是那些人们司空见惯的小词引发了法律纠纷。当然，语言学家们知道这一点，这对律师疏理问题是有帮助的。基于上述语义分析和话语分析，例外条款5中的介词短语最有可能表明，"cut"与"wound"是指代两个不同的、独立的名词。

类似该案例的纠纷依然会发生。法律文书和商业合同中，不明确地、令人费解地使用"or"与"and"的现象比比皆是，保险单中就有不少这样的例子。记载重要决定的文件所表达的意思一定要确切清晰。在日常对话和非正式文本中，这倒无关紧要，但法律、业务书信和保险单这类文件的撰写者则必须注意连词"or"的不同含义。索兰在他的《法官语言》（*The Language of Judges*）一书中援引了《纽约麦金尼综合法律》（Mckinney's Consolidated Laws of N.Y. Statutes）的第365条："法令的起草者常常混淆使用'or'与'and'。众所周知，这两个词的使用往往非常不精确，也不准确，这在许多法令的措辞中有所反映"（Solan 1993，45）。索兰还发现："在法律文件的解释中，'and'通常指'and'（和、并且），而'or'通常为选择连词，指'either/or'（任一）（1993，45）。"这值得提请保险单的撰写者注意，如果用"or"表达"and"的意思，就很可能会造成混乱。

要在具体语境中确定"or"是否用作区分两个独立的不同因素的选择连词，有一个简单的方法，即试着在第一个因素前加"either"，在第二个因素前加"or"。如果发现第二个因素是补充于第一个因素之后的，那么应当用"and"。正如例外条款5所示，如果保单中"or"应当理解为既有"accidental cut"又有"wound"，那么应该写为"through an accidental cut and through a wound"，然而该保单的撰写者并没有这样写。

25 第二章　　独家营销服务

马特里克斯营销公司诉新策略产品公司

(*Matrixx Marketing v. New Strategies Productions*)[*]*

　　1994 年，一家位于内布拉斯加州的马特里克斯营销公司（Matrixx Marketing Inc.）与一家名为新策略产品（New Strategies Productions）的公司签订了一份合同。合同约定，马特里克斯营销公司负责新策略产品公司电视广告产品的营销业务，合同期限为一年。合同规定，在合同期限内，马特里克斯公司为新策略公司电视广告产品的唯一指定营销商。然而，在这一年的期限内，新策略公司又与另一家营销公司签订了营销合同。马特里克斯公司回顾了其与新策略公司签订的合同，声称新策略公司违反了合同中的专营权条款。新策略公司承认，在与马特里克斯公司所订合同规定的期限内，又与另一家公司缔结了合同，但也声称新的合同将于前者到期之后才开始生效。双方对所订合同第 15 条解读不一，这是一个法律问题，最终也是一个语言学问题。

　　新策略公司声称，这并没有违反其与马特里克斯公司所订

　　* 案例卷宗号：DOC. 942 NO. 470. 内布拉斯加州奥马哈市道格拉斯县地区法庭（District Court of Douglas County, Omaha, Nebraska）。

合同，即便该公司与另一家公司订立了新的合同，但在前者一年期满之前，不会与新订约方开展任何业务。马特里克斯公司则提出了不同见解，声称按照该合同规定，在其专营权期限内，新策略公司不得与其他公司就未来的服务达成任何协议或签订任何合同。

资料

26

整个案件的焦点在于这份 9 页合同的第 15 条。需要指明的是，合同中的"Client"（客户）是指新策略产品公司，"Exhibit A"（附件 A）是指整个合同。

15. *EXCLUSIVITY.* It is expressly understood and agreed upon that this agreement grants to MATRIXX the sole and exclusive right to provide to Client any or all Services of the type described in Exhibit A hereto. Accordingly, Client agrees that it will not contract with any other contractors or telemarketing service providers for the procurement of comparable services during the term of this Agreement.

15. 专营权双方明确理解并达成一致意见，本合同赋予马特里克斯营销公司向其客户提供任何或所有附件 A 规定类型服务的唯一的排他专营权。据此，客户承诺在本协议期限内，不与其他承包商或电信营销服务商订立同类服务的采购合同。

语言学分析

本人受马特里克斯营销公司的代理律师邀请分析该合同的第 15 款时，就想到主要的争议点应该在于第二句中动词"contract"的使用。本人还认为，"comparable service"这一表述也有可能引发争议，然而本案中并未对此提出异议。于是，本案争议的焦点在于动词"contract"及其语义学含义。

尽管合同纠纷往往由句子表意含糊不清造成，但也有例外。从句法角度看，第二句表意清楚直白。这个句子以状语开头，后面是一个以"Client agrees"开端的主句，紧接着是一个从句"that it will not contract"，接下来是两个介词短语和一个状语。从合同语言的角度看，这并不是一个特别难处理的句子，即便句中也有一些复杂的句法。

那么，分析的重点是动词"to contract"的语义含义。按照一般字典含义（包括韦氏大学词典和美国传统字典），该词表示开始进行某种未来行动："to enter into"（订立）、"to establish"（确立）、"to undertake"（许诺），表示承诺或协议开始某种未来活动。在该语境中，显而易见，否定限定成分"will not contract"是指新策略产品公司在一年的合同期限内不得再与他人订立合同，其含义明确地支撑了马特里克斯营销公司在本案中的观点。

27　　揣摩言外之意是分析合同语言的一种方法。例如，按照该合同的措辞，至于在与马特里克斯签订合同之前，新策略产品公司与其他公司签订的合同的实施并不违反该合同规定。如果马特里克斯营销公司希望新策略产品公司终止所有现有合同的实施，要将这一意思表达清楚，合同可以作如下表述：

"The Client agrees that it will not ***hold or continue*** contracts with any other service providers during the term of this Agreement."（客户承诺，与其他任何服务商签订的任何合同在本协议期限内废止或停止实施。）

这里并不涉及先前的合同，但是按照该合同措辞，在该合同期满之前，新策略产品公司不得与另一家公司缔结新的合同，甚至不得就新合同开始任何相关工作，我们可以运用同样的改写手法来理清该合同的言外之意。如果从新策略产品公司的利益出发，合同应当这样措辞：

"Client agrees that it will not begin work with any other contractors or telemarketing service providers for the procurement of comparable services until the completion of its one-year contract with Matrixx."（客户承诺，在与马特里克斯营销公司所订合同一年期满之前，不得着手向其他承包商或电信服务商购买任何同类服务。）

有时这很令人费解：这样一个简单的例子，何必还要请语言学家分析。这也许是因为律师只是需要专家权威来支撑其观点，或者他们不确定如何有效地援引字典词条。以本人以往的经验来看，通过本书中所用的这种依撰写者言外之意改写有争议的句子的手法，可以向法官或陪审团清晰地阐述句子在字里行间所隐含的意思。本人在其他许多案例中也运用了这种手法。

²⁹ # 第三章　关键雇员协议条款

EMC 公司诉杰弗里·E. 艾伦
(*EMC Corporation v. Jeffrey E. Allen*) *

　　通常情况下，公司的关键雇员，如经理等，在职期间要与雇主就其与其他竞争对手公司存在的事实或潜在关系签订协议。此类协议往往包含对该员工离开公司之后一定期限内的限制条款。EMC 公司副总裁杰弗里·E. 艾伦与该公司签订了关键雇员协议，其中一个条款成为 1997 年一起诉讼案争议的焦点。EMC 公司起诉艾伦先生违反协议，而艾伦先生声称，协议中竞业限制条款的措辞至少是模糊的，按照该条款规定，他可以担任另一家公司无决策职能的总裁职位。EMC 并不同意这一解释，声称协议措辞十分明了。

资料

　　EMC 短短两页的关键雇员协议包括招聘、公司材料返还、机密、专利、培训和其他事项。艾伦先生所签协议的第一款竞业限制协议是本案争议的焦点。如例 3.1 所示：

---

　　* 民事案件卷宗号 No. 97 – 5972 马萨诸塞州米德尔塞克斯县高级法院（Superior Court, Middlesex SS, Commonwealth of Massachusetts）。

例 3. 1

KEY EMPLOYEE AGREEMENT

RE: Confidentiality, Training and Limited Non-Competition Agreement

In consideration of your employment by EMC Corporation (the "company") and in recognition of the fact that as an employee of EMC you have access to confidential Information, I ask that you review and sign this letter. It is an agreement that protects not only the company but also its employees from unfair competition and from former employees. This letter, when signed by you, is a binding legal agreement and you may wish to review the terms of this letter with your legal advisor before signing it.

1. *Limited Non-Competition.*

As long as you are employed by the Company, you shall devote your full time and efforts to the Company and shall not participate, directly or indirectly, in any capacity, in any business or activity that is in competition with the Company. During your employment with the Company and for the twelve month period following the effective date of your termination or resignation from the Company, you agree not to directly or indirectly develop, produce, market, solicit or sell products or services competitive with products or services being offered by the Company.

For purposes of this paragraph you shall not be considered in competition unless you have an ownership interest amounting to at least 1% in the competing enterprise (whether direct or indirect by way of option or otherwise) or an officership, directorship or other policy-making executive position with the competing enterprise.

关键雇员协议

关于：机密、培训与竞业限制协议

鉴于你与 EMC 公司（该公司）存在雇佣关系，考虑到作为 EMC 的员工，你可以获取公司机密信息，你需要阅读并签署本协议。该协议不仅保护 EMC 公司，也保护 EMC 公司员工利益免受不正当竞争和前员工泄露机密的侵害。本协议一经签字即生效。签字前，你可以同法律顾问仔细阅读本文件条款。

1. 竞业限制。

一旦你受雇于 EMC 公司，就应当全身心为公司服务，不应当以任何身份直接或间接参与竞争对手公司的任何事务或活动。在该公司任职期间，以及在合同期满或从该公司辞职之有效日期后 12 个月内，你不应当直接或间接地开发、生产、营销、推销或销售与该公司产品或服务形成竞争的产品和服务。

除非你在竞争公司持有至少 1% 的股份（无论是直接还是间接，是以期权还是以其他形式），或者担任竞争公司主管职位、董事职务或其他决策管理职位，否则按照本段规定不属于竞争。

语言学分析

争议的焦点在于上述文本中最后一个句子的含义，特别是 "in competition"（属于竞争）的界定条件，以及如何理解短语 "or an officership, directorship or other policy-making executive position with the competing enterprise"（或者担任竞争公司主管职位、董事职务或其他决策管理职位）的语法结构和措辞。对此，可以通过三种方式进行语言学分析：语法范畴、语调和语义含义。

语法辖域

辖域（scope）是一个语义学概念，在某些情况下，辖域直接反映在句子结构中。上文中最后一个句子对于"属于竞争"这一词语的意图提出了界定条件。问题在于，按照本句的语法结构，如何理解本协议中 4 项条件的含义：

1. 他可以拥有至少 1% 的股权。
2. 他可以担任主管职位。
3. 他可以担任董事职务。
4. 他可以担任其他决策管理职位。

艾伦先生的新职位并不涉及股权，因而排除第一条。并且，其新总裁职位也没有决策职能。因此，本协议最后 13 个单词成为争议的焦点："or an officership, directorship or other policy-making executive position with the competing enterprise"。特别是，争议点在于形容词短语"other policy making"（其他决策的）的语法辖域是涵盖四个条件（股权、主管职位、董事职务和管理职位），还是仅仅涵盖最后一个条件（管理职位）。

如本书中例举的其他案件所示，我们可以考虑关键雇员合同撰写者的意图，这将有助于解决以上问题。例如，如果撰写人的本意是使这一条件涵盖竞争公司无决策职能的主管人员和董事，那么应当将限定性形容词短语"非决策"置于三项之前，这样才能直截了当地表述这一条件，例如：

"a non-policy-making officership, directorship or executive position with the competing enterprise."（在竞争公司担任非决策

职能的主管职位、董事职务或其他管理职位。)

上述假设例句中，通过在三项条件前插入形容词修饰短语来表明"non-policy-making"（非决策）为界定的重心，是"officership"（主管职位）、"directorship"（董事职务）和"executive position"（管理职位）三项条件的界定特征。

更进一步说，如果作者有意令"policy-making"（决策）涵盖上述三项条件，可以运用一种更为直白了当的方式表述，如下：

32   "a policy-making officership, directorship or executive position."（有决策职能的主管职位、董事职务或管理职位。）

但是该关键雇员协议的撰写者在前员工可能担任的第三种职务之前加上"other"（其他）一词，这容易使读者认为"policy-making"（决策）仅仅修饰紧随其后的"executive position"（管理职位），例如：

"an officership, directorship or other policy-making executive position."（主管职位、董事职务或其他决策管理职位。）

措辞中并没有清晰表明此处"other"的辖域是否包括"officership"和"directorship"两项。事实上，这只是列出了三个头衔，最后一个有修饰语，而前两个没有。

形容词结构往往被认为与其修饰的名词相关联。通常，在英语中，形容词紧邻其所修饰的名词。例如，在短语"brown horses, cows and dogs"（褐色的马、牛和狗）中，读者完全有理由认为所有三个名词都受形容词"brown"作用。尽管在一些复杂的句子中，修饰语的辖域可以延展，但是普遍的规律为，修饰语距被修饰名词越远，其歧义程度就越高。因此，很难说短语"horses, cows and brown dogs"（马、牛和褐色的狗）中是否真的涉及褐色的马和牛。短语"horses, cows and other brown dogs"（马、牛和其他褐色的狗）中，"other"一词使用的假定前提是，列举的三种动物都是褐色的。当然，这个假设或许不成立。

在争议的焦点句子中，很明显，"policy-making"修饰该结构的第三个成分，即紧随其后的名词"管理职位"。在"policy-making executive position"之前插入"other"一词也许是要表明"policy-making"也限定"officership"与"directorship"，也许并非如此。总之，至少这是有歧义的。如果这是撰写者的意图，那么他本可以表述得更加清楚。

语调

书面语并不能传达口头语提供的所有信息。除了运用全部大写或标注形式，还可以通过其他方式得知读者如何在所读的文字中运用语调。如果读者将该句语调重音加在"policy"一词上，就表明该结构的最后一项与前面两项是分开的，例如： 33

"or other *policy*-making executive position"（或其他决策管理职位）

然而，另一种语调似乎更加合理，如：

"or *other* policy-making executive position"（或其他决策管理职位）

这种读法表明，前两项"officership"与"directorship"

也包含决策。要写得清晰直白，就要预料到潜在的歧义，并在句子中尽量避免多重理解。

语义含义

"other"一词通常有多重解释。其字典解释（包括韦氏大学词典和美国传统字典）包括：

- 系列中剩下的，如"John, Sam and other man"（约翰、萨姆和其他人）；
- 另外的，如"fruit other than oranges"（橙子以外的水果）；
- 不同的，如"the other boy I saw"（我看到的另一个男孩）；
- 其他的，如"sold in other places"（在其他地方卖）。

在该争议句中，"other policy-making executive position"可以理解为：

- 系列中剩下的一个
- 系列中另外的一个
- 系列中不同的一个
- 系列中其他的一个

语法辖域、阅读语调和语义含义三种语言学研究手段可以为句子含义提供线索，消除歧义，却不能彻底解决问题。然而，即使歧义在法律争端中具有意义，消除歧义的责任在于作者或信息的发出者。

对方律师对上述分析的回应

本人一般很难有机会得知对方律师如何辩驳本人的书面报告。然而，在本案中，对方律师对本人证言的辩驳文书却得以公布，相关内容如例 3.2 所示：

例 3.2

Mr. Allen's contention that the Limited Non-Competition covenant's restrictions are ambiguous hinges on transforming "or" into "and". In relevant part, the covenant reads:

...at least 1% in the competing enterprise (whether direct or indirect by way of option or otherwise) OR an officership, directorship OR other policy-making executive position... (emphasis added)

There are four ways in which the covenant could apply to Mr. Allen:

1. he could own 1%, OR

2. he could hold an officership, OR

3. he could not hold some other policy-making executive position.

Mr. Allen's argument seeks to collapse the covenant's application to only two potential solutions:

1. 1% ownership, OR

2. he could be an officer or director AND that officer/director would have to be a policy-maker for the covenant to apply.

Simply put, the plain language prohibits Mr. Allen's desired contortion, and Massachusetts law prohibits exactly the "assiduous search for ambiguity" that led Mr. Allen to Dr. Shuy. See *Interex Cors. v. Atlantic Mutual Ins. Co.*，876 F. Supp. 1406，1412 (D. Mass 1995)（the rule which resolves contract ambiguity against the drafter will not serve to provide an interpretation that could not "reasonably be advanced by a reader who is trying to understand the manifested meaning"）. Rather，the "plain meaning" of clear and unambiguous contract language is to be upheld and enforced as written.

艾伦先生认为该契约（covenant）中的竞业限制条款有歧义，试图将文本中的"or"改为"and"。该契约的相关内容为：

…至少 1% 的股份（无论是直接还是间接，是以期权还是以其他形式），或者担任竞争公司主管职位、董事职务或其他决策管理职位。

该契约适用于艾伦先生的情况有四种：

1. 持有 1% 的股份；

2. 担任主管职位；

3. 担任董事职务；或

4. 担任其他决策管理职位。

艾伦先生试图将该契约的适用情况压缩为两种：

1. 持有 1% 的股份；或

2. 担任主管职位或董事职务并且该主管职位/董事职务应当有决策权力，才可适用该条款。

简单说来，条款语言简明，不容艾伦先生曲解，并且马萨诸塞州法律明令禁止"刻意探究歧义"，于是艾伦先生求助于舒伊博士。[*Interex Corp. v. Atlantic Mutual Ins. Co.*, 874 F. Supp. 1406, 1412 (D. Mass 1995)]（该规则适用于合同起草者引发的合同歧义，但如果"读者刻意曲解合同，提出质疑"，该规则不能作为法律依据适用。）然而，合同中的"简明语言"表述清晰，并无歧义，完全有效，应当据此执行。

随后，在同一份辩驳文书中，对方律师提出："舒伊博士所谓的关于合同起草者'本意'的证言是毫无根据的。并且，他提出的解释自相矛盾"。但奇怪的是，作为对本人报告的最后反击，他提出："在关键雇员协议中，EMC 明确区分了该协议适用的四类人群：持有1%股份者、主管人员、股东以及其他决策管理者。如果该公司本意只列出一类人群，如决策人员，那么完全可以在协议中这样表述"。

歧义是合同语言学分析的常见主题。在这个案子中，歧义是核心问题。语义学、句法学以及音韵学手段都有助于探究该关键雇员协议可能蕴含的意思。尽管对方律师声称协议所谓的"简明语言"没有任何歧义，但是他以自己的观点曲解了这种简明语言，这一点也是本案其他相关人员有目共睹的。

有时，对方律师的表述方式也是值得研究的。对方律师将该关键雇员合同称为"契约"，微妙地赋予其一丝宗教气息，这似乎如同一卷永恒的经文，稍微改变形式，甚至诠释都可能招致上帝的怒火，这就要求语言学家一成不变地恪守其字面条款。

分析争议文件的措辞也是十分有必要的。哪种分析方法更好，还是留给读者来决定，但是需要说明两点：对方律师在争议句子的重述中强加了合同文本中原本不存在的"or"一词，这有力地支撑了他的解释版本。同样，在他的最后反击中，他将"or"改为"and"，同样改变了原意。语言学家是不会这样做的。

³⁷ 第四章 州法的诠释

内华达州诉优选股公司
(*State of Nevada v. Preferred Equities Corporation*)*

像大多数州一样，内华达州制定了相关法律规范运输服务，包括公共汽车、出租车和高级大型轿车运输服务。此外，还有一种运输服务，即免费班车，这种服务将客户或顾客从一个或几个指定地点送至其他指定地点。这种服务通常不允许与公共交通运输产生竞争。在拉斯维加斯，某些分时共管产业就承担了客运服务，为该共管产业的所有者或使用者提供免费班车服务。这种客运服务从共管产业处出发，将乘客送往位于威尼斯人（Venetian）赌场酒店或新边疆（Frontier）赌场的班车点，同时还提供从上述两个赌场出发的返程服务。州检查人员对该客运服务进行调查，起诉交通服务供应商违反以下法规条款：

1. 未经授权在赌场和/或共管产业处搭载"顾客"；

2. 将"顾客"从指定赌场送往另一个赌场。

该客运服务的供应商研究了上述法规，认为该客运服务并

---

* 案件卷宗号 No. 10699，内华达州，拉斯维加斯，内华达州工商运输许可服务部（State of Nevada Department of Business and Industry Transportation Authority Sercices, Las Vegas, Nevada）。

未违反上述法规。

资料

38

内华达州行政法规的相关条款706.147，如例4.1所示：

例4.1

1. The transportation services authority will consider a provider of free shuttle service to passengers who may or may not have baggage to be a common motor carrier unless all of the following conditions are met:

(a) The provider's business is not the transportation of property of passengers and any transportation furnished is incidental to its business.

(b) The provider indicates in any advertisement including information on free transportation that the transportation will only be furnished to its customers. Such information must be incidental to an advertisement of the business.

(c) The provider effectively limits the provision of transportation to its customers.

(d) Except as otherwise provided in this paragraph, transportation is furnished only if the provider's place of business is the point of origin or the point of destination of the customer's trip. If the provider is a health insurer licensed to transact insurance in this state, the provider may provide transportation, other than emergency transportation, to an insured between a medical facility where medical services covered by the health insurer have been or will be rendered and another facility or the residence of the insured.

（e）Except as otherwise provided in this paragraph, each trip is between a place of business owned by the provider and one other point. If the provider is a health insurer licensed to transact insurance in this state, the provider may provide transportation, other than emergency transportation, to an insured between a medical facility where medical services covered by the health insurer have been or will be rendered and another medical facility or the residence of the insured.

1. 运输服务机构将认定班车供应商为一般机动车辆承运人，无论其乘客有行李与否，但以下情况除外：

（a）供应商的运营业务并非运输物品或乘客，并且所提供的运送服务只是附带业务。

（b）供应商在其任何广告中（包括免费运输信息）明确指出该运送服务的对象仅为其顾客。此类信息须为其业务广告中的附加信息。

（c）供应商有效地限制为其顾客提供的运送服务。

（d）除非本款另有规定，只有在供应商的营业点为乘客行程起点或终点的情况下，才提供运送服务。例如，如果供应商为经本州许可营业的健康保险公司，供应商则可以为投保人提供从该保险公司承保范围内已经或即将提供医疗服务的医疗机构到其他地点或投保人住址的运输服务，但紧急运输服务除外。

（e）除非本款另有规定，每次班车行程都应在供应商营业点和另一地点之间。如果供应商为经本州许可营业的健康保险公司，供应商则可以为投保人提供从该保险公司承保范围内已经或即将提供医疗服务的医疗机构到其他地点或投保人住址的运输服务，但紧急运输服务除外。

　　该运送服务的供应商——优选股公司的律师请本人来分析 39
分条款（c）、（d）与（e）。他想知道其客户如何才能"effec-
tively limit"（有效限制）为顾客提供的运送服务［分条款
（c）］。他还关心分条款（e）中的"trip"（行程）与分条款
（d）中的是否有所不同。

语言学分析

　　分条款（c）中，"effectively"（有效地）一词是一种评价
性副词，从语义上来说，暗示某种品质的潜在基准或标准。如
果没有客观的指示标准，很难确定到什么程度才可称其为
"effectively"。并且，是任何时候都有效吗，还是绝大多数时
候，有些时候，还是有什么标准比例？副词"effectively"本
来就具有主观性，很难判定。可见，法规文本中措辞确切很
重要。

Effectively （有效地）

　　本款并没有指出如何界定"effectively"的标准，这使其
在表达本意或实意时，成为一种主观、模糊、不确切的说法。
因此，这可以有多重解释。

Limits （限制）

　　在分条款（c）以及该法规其他部分中，动词"limits"并
未具体说明对提供运输服务有哪些确切限制，也没有说明限制
的确切标准。按照《韦氏大学词典》的解释，该词一般有如
下几种含义：

　　1. To assign certain limits to：prescribe（规定某些范围：限

制）

2. a. To restrict the bounds or limits of（限定范围或界限）

3. b. To curtail or reduce in quantity or extent（缩减或减少数量或程度）

近义词：restrict, circumscribe, confine

40 "limit" 暗指某个事物不可或不得逾越的界点或界限。

"restrict" 是指缩小或压缩或限定某个范围或假定的范围。

"circumscribe" 强调按照确切的界限从各方面加以限制。

"confine" 指严格限制。

动词 "limit" 只是指某处有一个不可逾越的范围，却没有指明底线甚至界限在何处。如果要指出确切范围，并加以界定，进而确切描述该范围可容忍或不可容忍的限度，那么，运用 "is confined to" 或 "is circumscribed by" 可以更好地说明运输条款规定的确切限度，超出该限度，则构成违规。然而，文本中运用了 "limits" 一词，读者只能得知该运输条款规定了某些限制条件，且适用范围比较模糊，却不清楚究竟有哪些限制条件。并且，文本中也没有明确指出该适用范围。正如字典释义所示，"restrict" 在这里同样不是一个恰当的选择，因为该词只是指 "缩小或压缩或限定某个范围或假定的范围"。

因此，动词 "limit" 在分条款（c）中的运用在语义上比较模糊，容易引发多重解释和理解。因此，整个动词短语 "effectively limits" 在语义上比较模糊，容易产生多重含义和理解。

Customer（顾客）

由于州法认为接受该运送服务的人群并非顾客，那么有必要解释一下"customer"的含义。按照《韦氏大学词典》和《美国传统字典》的解释，名词"customer"的复数形式通常有两个意思，"one that purchases a commodity or service"（购买商品或服务的人，即顾客），以及"a person with whom one must deal"（交易对方，即客户）。那么，本案中接受该服务的人应当为购买该服务的人，或者从广义上讲，是可能购买该服务的人。分条款（c）中的名词"customer"并没有明确指出运送服务对象是否为顾客本人，或是顾客的朋友，还是其他人等，包括潜在顾客。

Trip（行程）

41

本案中另一个问题在于该条款中"trip"的含义，该词出现在分条款（e）中。州检查人员发现优选股公司班车搭载了一些所谓不符合条件的乘客，将顾客从一个赌场运送往另一个赌场，而不是从营业点（共管产业）送往某一个赌场，这违反了分条款（e）的规定。州法院也认为服务供应商对此违规情况并非毫不知情。《韦氏大学词典》（*Merriam-Websters Couegiate Dictionary*）中对"trip"的一般释义为："voyage or journey; a single round or tour on a business errand"（航程或旅程；单程或往返出差）。优选股公司对此是否知情，问题的核心在于名词"trip"的定义。从上述"trip"的定义中可以发现，这并不是从服务提供者的角度出发，而是从乘客的角度出发来进行界定。如果分条款（e）的撰写者本意为将"trip"表述为服务供应商意义上的行程，而不是旅客意义上的行程，那么就应该清晰地表明这一点，正如其在分条款（d）中所为，指明"trip"为"customer's trip"。要消除分条款（e）中的歧义，该法规应当改为："Except as otherwise provided in this paragraph, *each trip made by the provider* is to be between a place of business owned by the provider and only one other point"（除非本款另有规定，服务供应商提供的每次班车行程都在供应商营业点和另一地点之间）。但是由于前文分条款（d）中将"trip"指明为"customer's trip"，因此除非另有提示，否则读者很容易将分条款（e）中的"trip"也理解为顾客的行程。

就本案而言，应当作出明文规定，例如，不得在威尼斯人赌场酒店搭载顾客并将其送往新边疆赌场，因为此举违反了班车起点或终点必须为营业点（共管产业）的规定。还应当进一步做出明文规定，供应商所提供的运送服务必须从营业点出发，不得停站两次，站点分别在威尼斯人赌场酒店和新边疆赌场，即便车上的乘客仅在其中一站上下车。

不幸的是，本案涉及的问题十分普遍。法律、法规和法令的起草人和修订者往往都不是相关专家，他们并不能指出文本的模糊和歧义之处。因此，就文本含义产生争议时，如果语言学家等专家能够受邀指出文本中的含糊之处，那么将对律师提供很大帮助。本案是如何运用语义学分析协助被告方的经典案例。但是人们可能会想到，为什么事情一定要发展到诉讼的地步呢。其实完全可以及早审查分析法律法规和法令，而不是等到相关诉讼暴露出缺陷后才开始着手。

第二部分
欺诈贸易行为

43

当某企业广告被指控具有虚假、误导、毁谤或欺诈嫌疑时，各司法管辖区都可以起诉该企业涉嫌欺诈贸易。在美国各州，此类事项适用于州法律。例如，明尼苏达州实行了《统一欺诈贸易行为法案》（Uniform Deceptive Trade Practices Act）、《防止欺诈消费者法案》（Prevention of Consumer Fraud Act）、《广告虚假宣传法案》（False Statement in Advertising Act），几部法案均于 1994 年通过。还有其他法案允许受害公司提起私人诉讼，起诉涉嫌违反上述法案的公司，并要求救济，包括强制令救济、律师费、诉讼费和垫支费用等救济方式。

罗宾逊提出，"市场欺诈似乎和石器时代交易燧石和毛皮裙一样古老"（Robinson，1996，219）。在某些地方，有关欺诈行为的不成文准则逐渐被立法取代，交易双方都注意到，欺诈行为有了法律制约，已不再只是交易禁忌。然而要确定某种行为是否为欺诈行为并非易事。研究口头欺诈的人员得出结论，人们并不善于识别欺诈行为（Ekman 1986；Miller and Stiff 1993；Shuy 1998；Galasinski 2000）。

然而，至于书面形式的欺诈，无论是以广告还是合同的形式，确定起来就简单一些了。显而易见，商品应当名副其实。为了防止欺诈行为的发生，一些行业成立了的自己的监管机构，监查那些明目张胆的或是暗中进行的各种贸易欺诈行为，这也为语言学分析敞开了大门。几十年来，语言学家们一直在分析语言的言外之意，分析文字如何暗示或提示与字面含义不同的意思（Grice 1967）。麦考利提出言语（utterance）的隐含意义"不仅决定于言语本身，还决定于说话人本应表达却没有表达的其他言语"（McCawley 1978，245）。卖方完全可以避免公然撒谎，但往往可以通过巧妙的措辞来蒙蔽顾客。

44　　　也许这很奇怪，尽管刑法在处理诈骗和说谎案件中强调犯罪意图，民法却并非如此，尽管欺诈是一种故意侵权。但是，我们很少能在民事案件中看到关于"说谎"的诉讼；仅仅是"明知而做出虚假陈述"，或许使登广告者有理由认为，当他们提出难以验证或质疑的描述时，并不是在误导消费者。很明显，越是描述得天花乱坠，越是令人难以置信，但是这种炫目的描述并不总能引起顾客怀疑。在大多数相关民事诉讼案件中，虽然广告和事实之间存在着明显差异，但欺诈案件还是发生了。在科学界，要加强对科学发明的监控，就需要通过复制实验流程进行同行检验和测试。但这在大多数其他领域并不常见，包括商业领域。例如，大多数美国人并不知情，监管药品市场流通的联邦贸易委员会（Federal Trade Commission），仅仅规定了对具有抗安慰剂效果的新药进行"试用"检测，而对具有抗类似药品相同效果的新药却未作规定。

对于语言学家来说，至少，刑事案件中的常用说法"intentionally making false statements"（蓄意做出虚假陈述）与民事案件中的常用说法"knowingly making false claims"（明知而做出虚假陈述）之间的差别看起来似乎并不那么明显。直到1986年，"knowingly"才被定义为"actual knowledge of falsity"（对虚假陈述确实知情）。这是由于当时许多美国法院认为"knowingly"还包含"reckless disregard for the truth"（无意中忽视事实）的意思。

在一些案件中，说谎和欺诈问题更加复杂，例如，仁科软件（PeopleSoft）前总裁声称并没有于2003年向分析人员说谎，而只是"没有表述清楚"（not been clear）（*New York Times*，October 7，2004）。他在法庭上证实，他就软件制造商甲骨文（Oracle）公司的收购竞投一事据实向分析人员进行了说明，只是由于"口误"，他声称仁科软件"所有"订单都已处理完成，然而，实际上，只是"大部分"处理完成。甲骨文公司的律师称此人就订单完成的陈述为"故意说谎"，构成证券欺诈。要确定这是不是"故意"说谎，必须有人想办法进入这个总裁的大脑才能弄清楚。并且，如果说这是"故意"的，那么"故意"（deliberate）说谎又和"蓄意"（intentional）欺骗有什么不同呢？

以下为由广告引发的三个贸易欺诈案例。第一个案例中，一家工业输送装置制造公司起诉一家竞争对手。第二个案例中，11名州检察总长起诉一家声称能够帮助吸烟者戒烟的尼古丁贴片公司。第三个案例中，一名几年前从银行取得存单的客户起诉该银行。在所有这些案例中，语言都是争议的焦点。

以下有关语言和欺诈案件的文献可供语言学家参考：

Ekman, Paul. 1986. *Telling Lies*. New York: Norton.

Galasinski, Dariusz. 2000. *The Language of Deception*. Thousand Oaks, Calif. : Sage.

Miller, Gerald R., and James B. Stiff. 1993. *Deceptive Communication*. Thousand Oaks, Calif.: Sage.

Robinson, W. Peter. 1996. *Deceit, Delusion and Detection*. Thousand Oaks, Calif.: Sage.

Shuy, Roger W. 1998. *The Language of Confession, Interrogation and Deception*. Thousand Oaks, Calif.: Sage.

Tiersma, Peter. 1999. *Legal Language*. Chicago: University of Chicago Press.

第五章　　竞争性输送装置广告

47

空气动力公司诉富莱斯根公司
(Dynamic Air v. Flexicon Corporation) *

　　制造商运用输送装置传输、处理并封装散装材料。空气动力公司（Dynamic Air）和富莱斯根公司（Flexicon）是该工业系统内两家相互竞争的公司。空气动力公司运用气动流程，而富莱斯根公司运用螺旋流程处理散装材料。空气动力公司指控富莱斯根公司在国内行业杂志上刊登广告，将其柔性螺旋输送装置与其他散装材料输送系统相对比，其中包括气动输送系统。

　　空气动力公司指控富莱斯根公司的广告包含种种虚假陈述，误导了消费者，贬损了竞争对手，即使用气动系统的公司。另外，这些广告声称，无论是在购买安装成本、防止产品污染、活动件的使用、产品妥善处理、产品输送量、彻底清洗时间、防止混合物分离、维修费用方面，还是在处理含水、油、脂肪和其他成分的散装固体方面，富莱斯根输送装置都具备"最佳"性能，而气动输送装置则"很差"。

　　空气动力公司还声称，富莱斯根公司将相关行业数据、行

---

　　* 案件卷宗号 No. CO-95-6512. 明尼苏达州，第二司法辖区，联邦地区法院（U. S. District Court, Second Judicial District, Minnesota）。

业分析、统计数据和/或其他信息记录在其公司文件中，用以
证实或支持该公司广告中的陈述，但该公司并没有予以公开。
正如空气动力公司所称，如果上述数据的确存在，那么空气动
力公司希望能够获取这些数据，以辩驳或推翻富莱斯根公司的
广告。空气动力公司称富莱斯根公司"具有虚假性、误导性、
贬损性的广告"对空气动力公司的商业利益与其气动输送系
统的声誉造成了不可挽回的损失。该公司还请求法院签发永久
性限制令，命令富莱斯根公司不得再就气动输送系统发布任何
虚假或误导言论。在起诉书中，空气动力公司引用了富莱斯根
公司在行业杂志上发布的三份广告。

48　　**资料**

　　以下为富莱斯根公司在一本行业杂志上发布的广告（见
例5.1），本书尽可能地保留了原广告文本的字体和布局，但
并没有采用广告中的图片或颜色。

例5.1

**且看富莱斯根如何
在11个方面
优于其他
高价输送装置**

顾客需求：

	富莱斯根柔性螺旋输送机	刚性螺旋输送机	斗式升降机	气动输送机	链式输送机
低成本	很好	一般	差	很差	很差
防止工程污染	很好	很差	很差	一般	一般

防止厂房污染	很好	一般	很差	一般	好
活动件最少	很好	好	很差	一般	差
妥善处理产品	好	差	很好	很差	很好
最大输送量	很好	差	差	很差	好
彻底清洗时间	很好	一般	很差	一般	很差
多方位输送能力	很好	很差	很差	很好	很好
防止混合物分离	很好	一般	很好	很差	一般
低维修成本	很好	一般	最差	差	差

49

以上为基于普遍使用情况的比较评价：

　　富莱斯根输送装置适用于输送粉末状和散装固体物品，从大型颗粒到亚微米粉末，包括未经包装、切块或涂装的难以运输的湿性产品。本公司生产的 6 种型号都可以用于输送碳、不锈钢、食品卫生用不锈钢，每小时输送量为 1~1 800 立方英尺，可输送垂直 35 英尺、水平 80 英尺的物品，或可转换各种角度，可从障碍物周围或上下通过。富莱斯根输送装置只有一个活动件，因而价格低廉，无需维护，易于清理。固定和便携式型号让您运用起来更加灵活便利。如果想获得免费产品宣传册，请马上拨打电话联系富莱斯根公司。

　　例 5.2 为富莱斯根发布在另一则行业杂志上的广告（同样不含插图）。

例 5.2

缩减材料处理成本

1. 最低采购成本

- 远远低于斗式升降机、气动输送机和链式输送机。

2. 最低安装成本
- 轻型柔性聚乙烯管使得路径选择和设备调试更加快捷便利。

3. 最低维修成本
- 内置螺旋只是一个活动件。性能可靠，几乎无需维修。

4. 最低清洁成本
- 散装材料逆向运行清空系统，可以保证快速彻底清洁。

50　　　　该装置适用于输送粉末状和散装固体物品，适用于大型颗粒及亚微米粉末。本公司生产的 6 种型号都可以用于碳、不锈钢和卫生设施输送，最大输送量为每小时 1800 立方英尺。可输送垂直高度为 35 英尺的物品，或可转换各种角度，可从障碍物周围或上下通过。

马上拨打电话获取宣传资料。

发布在一本行业杂志上的第三份涉嫌欺诈广告如例 5.3 所示：

例 5.3

输送难以运输的散装产品

BEV-CON 螺旋输送机可妥善处理含有水分、油、脂肪和其他成分的粉末状和散装固体产品。这些产品如果是通过普通功能的螺旋输送机、斗式升降机或气动输送机输送，则需要经过封装、切块、涂装或切割才可输送。

4 种 BEV-CON 型号输送机可以用于传送碳、不锈钢、卫生不锈钢，传送速度为每小时 10~1000 立方英尺，传输物高度可达 18 英尺。

- 低采购成本
- 低安装成本
- 封闭管道防止污染

- 仅有一个活动件
- 清洁快速彻底
- 防止混合物分离
- 妥善处理产品
- 低维修费用
- 固定或可携带装置

富莱斯根

[地址]

语言学分析

富莱斯根公司的代理律师请本人分析上述广告，这三则广告是空气动力公司起诉富莱斯根公司涉嫌欺诈贸易的证据。如例5.1所示，第一则广告并没有提到竞争公司的具体名称，但是提到了空气动力公司采用的传输流程类型。空气动力公司认为自身受到诋毁，因而不得不提起诉讼。

前期测试相关的动词时态

空气动力公司的起诉依据之一为例5.1中的产品比较。该公司认为，富莱斯根公司不得未经科学测试就做出广告所述的比较，且上述测试结果一直没有公开。无论是在该广告还是其他相关广告中，本人都没有发现任何文字表明富莱斯根声称做过这种测试或研究。如果该公司做过这种测试，那么就应当在广告中明确指出"测试表明"或者"实验证明"。如果富莱斯根的广告语以上述测试或研究成果为基础，并且该公司已经公开了相关研究结果，那么，该广告中提及上述测试或研究时很可能会运用动词过去时。然而，富莱斯根公司的三份广告都一致运用动词现在时，如："eliminates"、"cleans"、"moves"、"features"、"filters"、"returns"、"elongates"、"attaches"、"retracts"、"connects"、"performs"、"lets"、"is designed"、"contains"、"can be controlled"、"allowing"、"elimination"、"can be integrated"、"combines"、"discharges"、"is ideal"、"expands"、"fits"、"can be curved…and routed"、"mounts"、"stretches"、"handles"、"makes"、"empties"。广告文字并没有任何含义表明富莱斯根传送机与其他输送机的比较基于某些测试或研究结果。

除了例5.1中的对比表之外，富莱斯根的广告文字一致表明，此前并没有进行过任何测试或研究可以作为该列表对比的根据。对比表的导入文字为，"See how Flexicon outperforms more costly conveyors 11 ways"（且看富莱斯根如何在11个方面优于其他高价输送装置）。如果存在前期测试或研究支撑该表的对比结论的话，文中的动词"outperforms"应该为"outperformed"，因为这基于以往的实验或测试。同样，在随后的文字中（但仍然在该表范围内），依然运用了现在时态："Flexicon conveys"、"six models…range"、"one moving part makes"、"models maximize"。

52 "ratings" 的含义

第二个问题涉及"ratings"在"Above ratings are comparisons based on most common applications"（以上为基于普遍使用情况的比较评价）一句中的含义。这句话出现在例5.1对比表之后。空气动力公司声称，富莱斯根公司广告中的这个句子表明该评价基于以往的测试或研究。

《韦氏大学词典》（*Merriam-Websteis Collegiate Dictionary*）

对"rating"一词有如下解释：

1. 按照等级的排名。
2. 海军服役人员（主要为英国英语用法）。
3. 相对而言的判断或评价。
4. 以功率单位（如直流电千瓦数）或电压（如福特）计算的机器工作极限。

《美国传统词典》和《兰登书屋韦氏大学词典》中也提供了类似解释。

可见，按照常用字典含义，很明显，"rating"一般可以理解为相对而言的主观判断、比较和评价。同样，显而易见，并不一定要有相关实验研究或测试才能在文中使用"ratings"一词。无论是"ratings"一词的运用，还是该句的语境，都不能说明一定存在着某些作为图表比较依据的测试或研究。

比较分类用语

有效沟通的一个重要原则是：作者要根据读者情况调整用语，这种技巧叫做"读者设计"（Bell 1991, 105）。听众层次越高，用语就越要具体或专业，因为具体的语言能够符合读者的知识和需要。富莱斯根广告中对比表的分类比较粗略，并不确切，而且具有评价意味：很好、好、一般、差、很差。这种类别通常用于表示人的主观意见，作为衡量主观信念、价值观、态度或喜恶的指标（Fasold 1984）。与之相对，可比产品的科学比较通常显示出测试对象在数量或性能方面的数据统计标准。如果在富莱斯根的对比广告发布之前进行过相关测试或研究，那么就不会采用这种粗略、评价性的类别描述了，相反，它会列出具体数据。那些内行的读者，如行业杂志的读者，很有可能完全理解这种量化比较。既然该广告中根本就没有此种数据，那么就意味着一切都无从谈起。

　　尽管本案中的语言学研究并不十分专业和具体，但足以有助于在庭审开始之前促成和解。说来也奇怪，双方开始都没有注意到富莱斯根在其广告中一直使用现在时态而不是过去时态这一事实，直到本人指出这一点，他们才发现。语言学家很善于在分析过程中发现语言的细微之处。富莱斯根公司的代理律师以前也有查阅字典的习惯，特别是查询某些术语的常见含义，但见证了字典在本案中的运用之后，他才意识到，"rating"这种普通词汇的语义也有可能在案件中起到重要作用。由于他们并没有语言学研究背景，因而很难理解，富莱斯根对比表中使用的非专业简单词汇又怎么能证明这并不是根据前期测试或研究得出的呢。

第六章　　尼古丁贴片广告

亚利桑那州、加利福尼亚州、伊利诺斯州、
爱荷华州、马萨诸塞州、明尼苏达州、
密苏里州、新墨西哥州、纽约州、北卡罗来
纳州和得克萨斯州诉汽巴－嘉基公司
(*The States of Arizona*, *California*, *Illinois*,
Iowa, *Massachusetts*, *Minnesota*, *Missouri*,
New Mexico, *New York*, *North Carolina*, *and*
Texas v. CIBA-Geigy Corporation) *

　　有时候，多个州的检察总长会联合起诉涉嫌产品欺诈宣传
和营销的厂家。1992 年就发生过这样一起诉讼。以明尼苏达
州检察总长休伯特·汉弗里三世（Hubert Humphrey III）为
首，11 个州共同起诉汽巴－嘉基制药公司，一家生产尼古丁
贴片（名叫 Habitrol）的制造商，这种贴片用于帮助吸烟者戒
烟。诉讼的焦点在于一则广泛流传的广告。各州就该广告提起
诉讼的理由之一为：该公司仅通过为期 10 周的研究就声称该
产品成功见效。该公司并没有对其长期效果进行研究，也没有

---

　　* 虽然计划进行集体诉讼，但是没有真正提起诉讼。开庭之前就已经达成和
解。

任何证据表明这种贴片对于 18 岁以下的人群有效。

该涉嫌违法的广告出现在全美各大流行杂志上。由于 Habitrol 为处方药，该广告还包括一整页有关适应症、禁忌症、注意事项、用量、反应、保存建议、产品研究与测试报告的详细描述。这些都出现在附属细则中，是符合法律规定的。

检察总长们对该广告中某些导入文字提出异议。该广告中有一幅占半页的图，图中一名男子掀开衬衫袖子，露出圆形的贴片。异议的焦点在于"quitter"（戒烟者）和"quit"（戒）两词。起诉书中还指出，该广告并未清晰明了地披露尼古丁贴片的真实效果、注意事项、潜在健康风险等重要事项。

资料

56　　该广告中包含一幅图，图中一名男子贴着这种贴片，该图标题为"PORTRAIT OF A QUITTER"（一名戒烟者的肖像），并附有叙述文字，部分文字如例 6.1 所示：

例 6.1

About six years ago, I decided to stop smoking. So I tried cold turkey.

But soon, my wife caught me sneaking cigarettes out the bathroom window.

QUITE FRANKLY, I NEVER THOUGHT I COULD REALLY QUIT SMOKING.

Then my doctor suggested Habitrol. ™ Habitrol is a skin patch, available only by prescription to help relieve nicotine cravings. When used as part of a comprehensive behavioral smoking cessation program, it's been clinically proven to increase the chances of quitting in the critical first three months. That's when nicotine withdrawal symptoms force many people back to smoking.

As part of my smoking cessation program, I attended a support group my doctor recommended. He also gave me a great support kit with tips on getting through the rough times. And an audio tape for relaxation and motivation.

Since Habitrol contains nicotine, do NOT smoke or use other nicotine containing products while receiving Habitrol treatment. If you're pregnant or nursing, or have heart disease, be sure to first find out from your doctor all the ways you can stop smoking. If you're taking a prescription medicine or are under a doctor's care, talk with your doctor about the potential risks of Habitrol. Habitrol shouldn't be used for more than three months.

If you're really determined to quit, **ask your doctor** if Habitrol as part of a comprehensive smoking cessation program is right for you. **Or call** 1-800-**YES-U-CAN**, for a brochure today.

If you're tired of quitting and failing, Habitrol can help you with the nicotine craving and this can help you in your program to quit smoking. After that, it's up to you.

IF YOU'VE GOT THE WILL, NOW YOU CAN HAVE THE POWER.

大概 6 年前，我决定戒烟。所以，我试着断然戒烟。

然而，不久后，我妻子发现我又在卫生间窗口偷偷吸烟。

坦率地说，我从没想过自己真的能戒烟。

后来，我的医生向我推荐了 Habitrol。Habitrol 为皮肤贴片，是一种有助于减轻尼古丁依赖症的处方药。使用这种药也是一项全面行为戒烟方案的重要部分。临床试验表明，这种贴片可以在戒烟的前3个月增加成功几率。戒烟的前3个月也正是尼古丁断瘾症状迫使许多人重新吸烟的时候。

作为戒烟方案的一部分，我加入了医生推荐的辅助组。他还提供给我带有提示语的一整套辅助装备，帮助我熬过艰难时刻。还有一个录音带，用于放松和激励自己。

由于 Habitrol 含有尼古丁，在接受 Habitrol 治疗时不要吸烟，也不要服用其他含尼古丁的产品。如果您正处于怀孕或哺乳期间，或者患有心脏病，确保事先向医生询问戒烟的所有方法再加以选择。如果您正在服用其他处方药，或者正在医疗护理期间，那么一定要与您的医生沟通，了解 Habitrol 可能给您带来的潜在影响。Habitrol 不得敷用超过3个月。

如果您决心戒烟，要向您的医生咨询 Habitrol 作为全面戒烟方案的一部分是否适合您，或者拨打 1-800-YES-U-CAN，立即获得宣传手册。

如果您已经厌倦了戒烟的反复失败，Habitrol 可以帮您脱离烟瘾的困扰，可以在您的戒烟行动中祝您一臂之力。在这之后，一切就要看您的了。

有意愿就有力量。

57　　**语言学分析**

制造商收到法院传票之后，其代理律师请本人对广告进行分析。起诉书的主张主要在于"quit"和"quitter"两个词。检察总长认为上述两词具有欺诈性，因为 Habitrol 的使用者会因此而认为，一旦使用该产品就可以永远戒烟。他们提出，如果图片题目改为"Portrait of an ex-smoker"（一名前吸烟者的肖像），措辞就会恰当和真实许多。

本人从两个方面进行了分析：一方面是该广告中叙述文字的结构和含义，另一方面是"quitter"与"quit"两词的含义。

叙述文字的含义

按照拉波夫（Labov 1972, 363～370）的叙述结构分析方法处理该广告的叙述文字（前半部分），可以得出如下结构：

1. 摘要（Abstract）：话题（题目） 　一名戒烟者的肖像	（这是关于一个戒烟者的故事）
2. 定位（Orientation）：人物、事件、 时间、地点？	（前两个自然段）
大概6年前，我决定戒烟。	（6年前决定）
所以，我试着断然戒烟。	（初步尝试：断然戒烟）
然而，不久后，我妻子发现我在卫 生间窗口偷偷吸烟。	
坦率地说，我从没想过自己真的能 戒烟。	（我失败了） （从来没想过）
3. 过程（Complicating action）： 之后发生了什么？	（后面两段）
后来，我的医生向我推荐了 Habi- trol。	（医生推荐）
4. 评价（Evaluation）	（无）
5. 解决（Resolution）	（无）
6. 结尾（Coda）	（无）

与一般叙述结构不同，该广告的前半部分并不包括传统意义上的评价、解决和结尾部分。也就是说，这个人并没有描述自己使用 Habitrol 的体验。叙述反而戛然而止，广告的后半部分变成了产品描述和说明。这名"quitter"（戒烟者）并没有明确

58

评价使用 Habitrol 的个人体验，也没有任何解决或结尾部分。

戒烟者仅仅通过一句话暗示了问题的解决或结尾："Quite frankly, I never thought I could really quit smoking"（坦率地说，我从没想过自己真的能戒烟）. 这句话出现在叙述定位部分，句中暗含这样的意思："现在我想自己真的能戒烟"。因此，最类似于解决的内容为，由于试用 Habitrol 产品，这个人现在相信自己真的能够戒烟了。这段叙述并没有直接或间接地表明这一点："用了 Habitrol，我戒烟成功了"。

"quitter" 与 "quit" 的含义

通过添加后缀 "-er" 可以将动词变为名词，如：

动词	名词
boil	boiler
feed	feeder
see	seer
write	writer
quit	quitter

类似的例子还有许多。从上述例子中可以发现，这些名词形式表示从事该动词行为不止一次的人或物。如果我们把烧过一次水的人称为锅炉工（boiler），把写过一次文章的人称为作家（writer），这显然是不恰当的。因此，一个人要称其为戒烟者（quitter），那么这个人必须戒过不止一次烟。

"quit" 一词的词典解释有时并不能有所帮助，或者并不完整。《韦氏大学词典》（*Merriam-Webster's Collegiate Dictionary*）将其解释为 "give up; to cease normal, expected or necessary action"（放弃；停止进行正常、期待或必要的行为）。《美

国传统词典》（*The American Heritage Dictionary*）的解释为："give up, relinquish, quit a job; abandon or put aside; forsake"（放弃，撤出；抛弃或抛开；断念）。《兰登书屋韦氏大学词典》（*Randon House Webster's College Dictionary*）还有另一个义项："to stop struggling…accept or acknowledge defeat"（停止挣扎……接受或承认失败）。词典定义并不能够提供完整的语义解释。例如，当一个人放弃（quit）某事时，这意味着永远放弃吗？一个人辞掉工作（quit a job）或许带有永久性意味，但是一天工作结束时，人们也经常说"it's time to quit"（该下班了），或者"it's quitting time"（到下班时间了），在这种情况下，显而易见，这并不意味着说话人不会再来上班了或者不会继续本职工作了。

在职场语境中，"quit"一词并不意味着永远停止工作，或在一段时间之内停止工作。那么，我们也有理由认为在吸烟语境中，"quit"也不表示类似意思。要断定此处"quit"的确切含义，我们可以试着分析人们在真实语境下如何运用该词。在这种情况下，往往运用 LexisNexis 数据库搜索。通过 LexisNexis 搜索杂志中的关键词，可以得出几百个例句，这些例句表明"quit"指试图实现永久停止，例如：

"Why quitters feel better during the winter. Here's another reason to try to quit smoking this winter."（为什么戒烟者冬天会感觉好一些。今年冬天又有了一个尝试戒烟的理由。）

"These ads heighten awareness of the smoking problem, stimulate new quit attempts, and help counter the enormous message still coming from…"（这些广告加强了人们对吸烟问题的关注，刺激了新的戒烟决心，也有助于抵制来自于……的大

量信息。)

"Page, who admitted several attempts to quit smoking, attributed his longevity to favorable genetics." (佩基承认自己曾经多次戒烟未果，他将自己的长寿归功于良好的遗传基因。)

"Seventeen million Americans try to quit smoking every year, but only 1.3 million succeed, according to the Surgeon General." (根据美国卫生总署数据，每年都有1700万美国人试图戒烟，但是仅有130万人成功。)

"…a 10 year, pack-a-day smoking habit in 1984 after a dozen stabs at quitting using various stop-smoking schemes." [通过各种办法戒烟未果之后，从1984年开始……（形成）10年间每天一包的吸烟习惯。]

"Quitting smoking is as hard as relapsing is easy. Even smokers who succeed sometimes have intense cravings for nicotine for months." (烟瘾戒除难而重染易。每个成功戒烟的人都会饱受长达几个月烟瘾的折磨。)

"Most smokers have to make as least two or three serious quit attempts before they actually succeed…each relapse, the experts tell me, is part of the quitting process." (大多数吸烟者至少试着戒烟两三次之后才真正成功……专家告诉我，每次反复都是戒烟过程的一部分。)

"Even if the person has relapsed completely, try to persuade him/her to set another quit date and start again." (即便戒烟者重染烟瘾，试着说服他/她制定下一个戒烟计划，再次实施。)

(re: drinking) "Dennis had tried to quit, going as many as 40 days without a drink. But the struggle took its toll: '86 was one of the worst seasons of his career." (关于：酗酒。丹

尼斯试图戒酒，长达40天滴酒不沾。但是他的努力也是有代价的，1986年成为他的职业低谷。）

(re: hunting Season) "We quit in September and then we start up again on weekends in January." （关于：打猎季节。九月份我们停了下来，第二年一月的周末我们又开始了打猎。）

(re: scanner settings) "After the driver has been set, you can't change scanner settings. This means you must remember to set the number of grayscales before starting PhotoFinish, and have to quit and restart if you want to change them." （关于：扫描仪设置。驱动设置完成后，不得再更改扫描仪设置。这意味着您最好不要忘记在 PhotoFinish 启动之前就设定灰色刻度值，如果您还想更改设置，则必须退出重启。）

60

从相关杂志中可搜索出几百个例句，这些句子表明"quitting"一词有时并不是指永远停止，而是指在某一时期内停止，如：

"She recently quit smoking after hypnosis therapy, but then returned to her two-pack-a-day habit." （她最近通过催眠疗法戒烟了，但又恢复了一天两包烟的习惯。）

"Securities analyst Barbara Ryan: 'This could be like dieting-you could get a lot of people who get on a patch, quit, start smoking again, then get on the patch again.'" （证券分析师芭芭拉·瑞安称："这就像节食一样，很多人吸烟、戒烟又重新吸烟。"）

"Still falling off the wagon and back onto the patch support is a better alternative…" （再次放弃，重新寻求香烟的支撑，也不

失为一种更好的选择。)

"Lacking any kind of willpower, such a device may be necessary. In fact, given my track record (I've quit smoking three times now), I'll probably have to use it myself sometime." [如果你缺乏意志力，就必须借助工具。实际上，按照我的跟踪记录（本人已经戒烟3次了），我有时还需要用到它。]

"George Peppard, who quit smoking seven years ago but resumed a two-pack-a-day habit last year, is out of the hospital..." （乔治·佩帕德现在已经出院了。他7年前戒烟，但去年又恢复了一天两包烟的习惯。）

"Quit smoking a year ago but recently restarted, though I'm not smoking nearly as much as I was." （我一年前戒烟，但最近又染上烟瘾，尽管吸的不如以往多了。）

由于"quit"一词有多个含义，包括试图戒除、戒除一段时间，以及永远戒除，那么，有必要分析一下"quit"在句中表示永久意义的情况。以下例句同样取自 Lexis Nexis 素材库：

"Some people quit for good." （一些人永远不再吸烟了。）

"But quitting for a while and *quitting for good* are two different things." （但是短时期戒烟和永远戒烟是两码事。）

" 'The most effective method of quitting smoking is a heart attack,' he says. 'Of those who survived, 50 percent *quit smoking over the long term.*'" （"戒烟的最有效方法是患心脏病"，他说，"那些心脏病发作的幸存者之中，有50% 已经长期戒烟了"。）

> "The question is, what good will it do for *permanent cessation*?"（问题是，永远戒烟能有什么好处呢？）
>
> "A Vancouver writer tells of three old chums from university days who arrange a weekend reunion with a view to *quit smoking once and for all*."（一位温哥华作家讲到三位大学同窗组织了一次周末聚会，试图一次性戒除烟瘾。）

61

因此，可以说，如果 Habitrol 香烟广告表明该产品能够实现永久戒烟，那么本应当使用"for good"（永远）、"over the long run"（长期）或"permanent"（永久）等词。

戒烟的努力与戒烟的承诺有什么相似点吗？当说话人戒烟或者承诺戒烟时，他们决心以后付诸某种行动。关于承诺的言语行为，瑟尔（Searle 1969）注意到其条件之一为："某人意图通过某言语使自己承担做某事的义务"（60）。这一条件似乎并不适用于戒烟行为。当人们声称自己要戒烟时，他们并未承诺永不再吸烟。吸烟关系到一种身体嗜癖，众所周知，个人往往需要外界作用才能破除烟瘾。与一般的承诺不同，戒烟行为不仅仅是戒烟者一个人的事。戒烟似乎意味着："某人意图通过某话语使自己承担试着做某事的义务"。

这种评价基于以下事实：戒烟往往作为行为或生活方式变化的一部分，如节食和运动，人们试着去做这些事，但至于是否能够坚持下来或获得成功，结果就不一而足了。人们可能会在一段时间内坚持低脂饮食，但不一定能永远持续下去。将戒烟归为一种生活方式的改变，意味着戒烟与其他生活方式的改变是类似的。

处理本案期间，关于生活方式的改变，通过 Lexis Nexis 文章搜索得出的例子列举如下：

戒烟	64
控制饮食/节食	58
运动	24
戒酒	7
扣安全带	6
管理压力	4
应对疾病	4
与孩子共处时间	2
用儿童座位	2
13 个其他类别	各 1 个

本案中的主要问题在于"quit"一词的含义。从措辞方式来看，这里的戒除意味着在一段时期内停止某种行为。至于"stop"一词也是同样的道理，因为即便是交通停车标志都不会意味着车辆应当永远静止。因此，如果某人在某段时间内停止某种行为，那么这就算作停止（quit 或 stop）。检察总长称"quit"的隐含意思为永远停止，相对而言，这并没有确切根据。

广告中展示了一位戒烟者的肖像，这表明广告描述了一位曾经不止一次试图戒烟的人。如果制造商意图表明这是一幅曾经吸烟但用了 Habitrol 之后不再吸烟之人的肖像，那么他们应当按照"信息容量或语义力度"的大小（Levinson，1983，132～136），把标题改为"Portrait of an Ex-smoker"（一位前吸烟者的肖像）。然而，原告称该词更加恰当，却遭到法庭驳回，这是由于"ex-smoker"意味着永远戒除烟瘾。尽管"ex-smoker"并未表明仅进行过一次尝试，却暗示着一次性成功，无需再做其他尝试。

本案为叙述结构、形态学和语义学方面的语言学研究提供了帮助，举例说明词典含义并不完全可靠，还说明了如何比较电子语料库搜索结果和诉讼的证据。同许多民事案件一样，本案并没有开庭审理。这 11 个州的检察总长要求该公司向每个州赔偿 5 万美元，共计 55 万美元。制造商决定支付赔偿金，以免承担法庭诉讼费。在其自愿履行文书中，汽巴－嘉基制药公司同意披露以下信息：

1. 基于 10 周研究的有效性说明。
2. Habitrol 并不适用于所有人。
3. Habitrol 使用不得超过 3 个月。
4. 孕妇使用 Habitrol 的反应尚未经任何研究。
5. 特定健康条件的人群使用 Habitrol 之前应当先咨询医生。
6. 使用 Habitrol 期间不得使用其他尼古丁产品。
7. 18 以下人群使用 Habitrol 的效果未知。
8. Habitrol 是一种处方药。

应当指出，上述列表中有些内容在"一名戒烟者的肖像"广告中已经涵盖。有时惹上香烟等广告诉讼会令一切功亏一篑，因此当事人需要慎之又慎，于是汽巴－嘉基制药公司同意中止该广告。

⁶³ # 第七章　存单广告

哈罗德·阿克曼诉宾夕法尼亚州银行
(*Harold Ackerman v. Royal Bank of Pennsylvania*)

多年来，银行存单（certificates of deposit，CDs）年收益的计算方式一直变化不定，这在很大程度上是由银行利率计算方式变更决定的。在哈罗德·阿克曼诉宾夕法尼亚州银行案中，争议的焦点在于"interest"（利息）、"simple interest"（单利）和"compound interest"（复利）三个概念和术语。阿克曼先生与其太太于 1983 年从该银行购买了 100 份存单。1990 年，他们起诉该银行涉嫌欺诈交易，声称当时自己受到了该存单广告措辞的误导。几年后，他们兑现存单时，才得知利息按照单利计算。他们十分失望，因为本以为可以获得年复利，如果是这样的话，这将意味着一大笔收入。

1983 年，在他们购买存单的那一年，联邦存款保险公司（FDIC）还没有要求银行向客户说明单利和复利的区别。很久之后，联邦存款保险公司才制定了相关要求。该案直到 1998 年才得以审理，当时本人作为专家证人出席庭审。

资料

阿克曼先生在本案中提供的证据包括以下两份文件：一是

载于 1985 年 6 月 22 日星期一《费城询问报》上的皇家银行存单广告（例7.1），二是存单上的文字（例7.2）。

例7.1

"购买价值 **1** 万美元存单，

即可免费获赠 **19** 寸彩电

或可免费获得 **Tabas** 五星　　　　　　［此处为米奇·

酒店双人周末度假游"　　　　　　　鲁尼的照片］

6 年期存单　　　**8** 年期存单　　　**10** 年期存单

　11%　　　　　　**12%**　　　　　　　**13%**

＊存款到期偿付单利。不允许提前支取。

联系人：执行副总裁约翰·沃克［电话号码已删除］

宾夕法尼亚州皇家银行

周六开放

宾州那伯斯市蒙哥马利大街 **732** 号 **190072**·联邦存款保险公司承保金额 **10** 万美元。

在费城、金戈夫普鲁西亚、那伯斯、凤凰城、楚泊、布里奇波特设有 **7** 个办事处。

例7.2

存单

宾夕法尼亚州皇家银行

宾州金戈夫普鲁西亚 19406

宾夕法尼亚州皇家银行存款证明　金额　**5000** 美元整

＿＿＿＿＿＿＿＿＿＿＿＿＿＿＿＿＿＿＿＿＿＿＿＿＿美元

该记名式存单购于 1985 年 4 月，自发行之日起算，以 10.50% 的

年单利率返还利息。一旦偿还或到期时存在损失或损毁，该存
单及其利息将按照当前利率自动续存相等期限。除非在到期之
前本行收到另行书面通知，该存单背面条款有效。

记名

存款人　　　　　　　　　　　　　　　　　T. I. N.

那伯斯办事处 180 天

250 – 004

[此处签名]

签名：＿＿＿＿＿＿＿＿

不可交易转让

联邦存款保险公司成员

65　　**语言学分析**

很明显，本案的争议点在于广告与存单中"interest"一
词的含义。本人指出，可以运用三种方式解决这个问题。首
先，可以向上述信息的发出者，即宾夕法尼亚州皇家银行，询
问该词的用意。或者，可以询问原告即存单的购买者哈罗德·
阿克曼先生本人当时是如何理解该词的。显而易见，两种方法
都不能解决问题，因为信息发出者表示的含义与购买者的理解
截然不同。第三种方式为从该词的历史语境中分析文本，这就
是语言学家的工作了。

词汇语义学的原则之一为，范畴词（category word）可以
按照其相互关联来划分（Cruse 1986）。也就是说，可以按照
词汇的各种内在关系建立层级分类系统。这种层级分类系统通
常用于生物学、植物学、人类学、语言学和其他各种领域。每
个层级分类系统中通常分为 5 个层次，就像树形图一样。例

如，下图为"动物"的简单分类系统，主要的、总括的内容
位于层级顶端。这种分类的支配（顶层）节点为该关联体系
中最宽泛最普遍的节点。从形态学角度来讲，此类节点的用语
是简单、原始的词汇，而不是借自其他语义领域的词汇。在这
之下，所有的节点都在语义上与之关联。最底层的衍生节点由
词形比较复杂的词汇构成。下层节点的项目彼此之间存在差
别，但也具有相同点（关联），即从属于共同的上层节点。以
下为一个简单的例子：

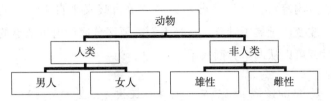

根据词汇语义学原则，按照其内在联系建立"interest"
一词的层级分类系统，如下：

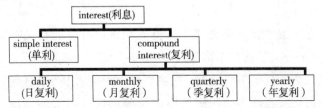

下层节点处于顶层节点"interest"的支配之下，这些节 66
点形态比较复杂，彼此相互区别，共同维系着其与顶层节点的
关联。

词汇语言学的另一个原则为，处于支配地位的上层节点
中，词语或词形是无标记的。下层节点中的词汇也可以是无标
记的，除非有必要加以区分或者表明差别。在这种情况下，为
了满足区分的需要，语言使用者必须创造词形更加复杂的表达
法加以区分（Cruse 1986，146）。在本案中，"interest"一词为

无标记形式。在"interest"只表示"单利"计算金额时，根本不需要进行层级分类，因为当时"interest"与"simple interest"是一个意思。然而，随着"复利"的开发，就需要为"interest"一词设立分支节点，并且有必要发明出一个新的术语与"compound interest"相区分。

语言沿革的语言学原则也在本案分析中起着一定作用。由于语言运用者的需求不一而同，语言的用法也多种多样。只要一个词常用于表达无标记、高层节点的含义，就不需要通过与低节点内容对比加以区分。大多数语言歧义来自于语言的沿革，改变或延展了其含义。当人们需要区分底层衍生节点的词汇时，可以从两个方面入手：

1. 增加修饰语（例如：椅＞沙发椅＞坐垫沙发椅）；
2. 提高具体程度（例如：动物＞母牛＞霍思坦母牛＞霍思坦奶牛）。

在本案中，词汇语义学分析表明，很有可能在某一时间点，"interest"前加了修饰语"simple"和"compound"，从而使其成为该词的不同分支。这主要是因为英语中没有任何单独的、可用或者恰当的词语来表达这些新区分出来的意思。于是，即便新概念"compound interest"已经出现，在其普及之前的某段时间内，"interest"依然指代"simple interest"，这一时间段的长短取决于语言的历史演化和普遍用法。

接下来，我们应当从历史记录和引文中求证，在"compound interest"概念问世之后，当人们有必要为其创造平行节点词汇"simple interest"时，"interest"一词是否出现过上述现象。我们可以从词典记录中寻求证据。

67　　有关"interest"一词的最早记录来源于《牛津英语词

典》，其中引用了始于 1545 年的一份文件。关于"compound interest"与"simple interest"的最早记录也来自该词典，出现在 1660 年的一份手稿中。尽管可以找到 1545～1660 年间的《牛津英语词典》和百科全书引文，但文中都没有对单利和复利做任何区分。这有力地证明了一点：两者在运用中通常不作区分，或者说还未形成区分的惯例。科克拉姆（Cockeram）于 1626 年出版《新英语词典》收录了 17 世纪"interest"的解释，即"profit made by usury"（高利贷的盈利），却丝毫没有提到"simple"或"compound"。

到了 18 世纪，字典条目出现变动。在 1720 年出版的菲利普斯（Phillips）《英语词汇世界》中，有证据表明"simple interest"与"interest"两者通用，且"compound interest"为有标记或者经区分的形态。该书将条目"compound interest"与"interest"相对照，但《英语词汇世界》丝毫没有提到"simple interest"这个说法。同时期其他词典在条目"interest"下对单利和复利做出区分，但并没有将"simple interest"与"compound interest"列为单独条目。1771 年版《不列颠大百科全书》在"interest"条目下区分了"simple"和"compound"，但当时并没有将两个概念单独列出来。显而易见，当时两类利息都是存在的，且相互区分，但是词典记录明确表明当时"interest"和"simple interest"是一个意思，而"compound"为有标记形式。

在 19 世纪，"interest"和"simple interest"的同义迹象更加明显。1848 年出版伍斯特（Worcester）《英语通用校勘词典》涵盖了"interest"和"compound interest"两个单独条目，但是并没有将"simple interest"列为字典条目。奥格尔维（Ogilvie）1850 年版《皇家词典》、伍斯特（Worcester）1888

年版《学术词典》以及默里（Murray）《牛津英语词典》（1888～1893 年）也做出同样处理。这一时期的词典将"compound interest"的解释从"interest"中独立出来，将"simple interest"与"interest"视为同义词，这表明"compound interest"为有标记的区分形态。在美国，诺亚·韦伯斯特（Noah Webster）于 1928 年出版的《美国英语词典》沿用了同样的处理方法。

在 20 世纪，按照《韦氏新大学词典》（1983 年）的释义，"interest"、"simple interest"与"compound interest"三词的含义列举如下：

interest：A charge for borrowed money generally a percentage of the amount borrowed.（利息：借款的费用，通常以借款金额的百分比计算。）

simple interest：Interest paid or computed on the original principal only of a loan or on the amount of an account.（单利：仅仅按照该借款本金或账户金额支付或计算的利息。）

68　compound interest：Interest computed on the sum of an original principal and accrued interest.（复利：按照本金与应计利息总和计算的利息。）

上述条目包括以下有标记因素与无标记因素：

	interest （利息）	simple interest （单利）	compound interest （复利）
无标记因素	of the amount borrowed （借款金额的）	on the original principle （按照本金）	of an original principle （本金的）
有标记因素	（无）	（无）	on accrued interest （应计利息）

在上述条目中，"interest"与"simple interest"仅包含无标记含义，而"compound interest"通过标记添加项"on accrued interest"与前两者有所区分。以上为该词典 1983 年版对这些词语的解释，在 1993 年版中也沿用了同样的解释。

以下为本人出庭作证时被直接询问的问题：

问：广告中有没有表明预期利息为单利或者复利？

答：广告清楚表明，"存款到期偿付单利"。

问：1983 年的存单又是怎么写的？

答：上面写着："自发行之日起算，以 12.00% 的年单利率返还利息"。

问：存单中有没有提及复利？

答：没有。

问：存单中有没有涉及在你的字典引文中提到的有标记因素"on accrued interest"（应计利息）？

答：没有。

问："自发行之日起算，以 12.00% 的年单利率返还利息"（interest at the rate of 12 per centum per annum from that date）一句中有没有非计量因素？

答：没有。这句话表明了利率的计算标准，"自发行之日起算，以 12.00% 的年单利率"，此为计算标准。

问：根据你的研究发现和语言学分析，这些存单的购买者是否有理由认为该利息为复利呢？

答：不会。一直以来，"复利"（compound interest）是一个有标记形式，如果意图表达这个意思，则应当明确陈述。否则，读者一定会将其理解为无标记形式"单利"（simple interest）。

问：如果你说的是对的，那么，为什么 1990 年的存单中称，"自发行之日起算8.5%的单利率；到期支付"（interest at the rate of 8.50 percent, simple interest from date of issue; payable at maturity）呢？

答：按照我的理解，这是由于在该存单发行之前，相关法律已经做了修改，规定必须写成这样。

问：法律的修订会不会使你改变看法，不再认为"interest"和"simple interest"是同义词，不再认为没有必要用"simple interest"来区分"compound interest"了呢？

答：不会。法律的规定不会改变语言的用法。我并不了解为什么要添加这条规定，但是我知道支配语言普遍用法的不是法律，而是人。

问：在本案中，假定除了媒体广告之外，皇家银行规定，任何宣传资料都不得涉及存单的购买事宜。假设购买存单的唯一途径为与银行代理面对面口头讨论存单的方方面面，包括利息类型，如"单利"等。假设客户有机会向银行提出询问，并要求其解释说明，按照你在语言学领域的经验和知识，这是不是一种交流信息的有效方式呢？

答：当面交流一直是最有效的沟通方式。这种方式可以提供比书面甚至电话交流更多的信息渠道。这可以提供双向互动的机会：澄清疑点、要求重述或说明以及提出问题。这是书面广告或存单无法企及的。并且，当面交流为进一步非语言交流和理解敞开了大门。

70　　接下来的交叉询问环节简短而顺利。本人在上述直接询问中表明了这三个词汇的含义，包括历史含义以及存单购买时的含义，还指出唯一一种有区分标记的利息为"复利"。在存单出售时，甚至早在字典编纂之时，正因为缺乏这种区分和标记，"interest" 与 "simple interest" 之间并没有什么本质差异，因而两者的用法、含义相同。如果本意想表达"复利"的意思，就应当明确指出。

本案为词汇语义学原理与语言演化的结合提供了机会。如果没有法律语言学家作为专家证人所起的作用，上述两类研究都无法实现。这还为重述文件原意提供了机会，可以分析出作者的本意与原告的理解是否相同。本人作为专家证人出庭作证之后，法官做出了有利于银行的判决，判定宾夕法尼亚州皇家银行并未误导存单的购买者，其广告中包含的"interest"一词指的是"simple interest"，并判决驳回原告阿克曼先生的起诉。

第三部分
产品责任

近年来，在产品责任领域，法律事业一直有所发展。产品责任案件，即原告声称因使用某产品蒙受损失，要求该产品制造商和（或）分销商承担赔偿责任的案件。这看上去似乎很直接、很简单，但实际上并没有那么容易。一方面，原告可能使用不当，可能并没有遵守使用说明，或者可能忽略了产品标签或其他警示说明。或者，该产品的潜在危险众所周知，警示说明似乎可有可无，甚至是荒唐的。另一方面，制造商也许未能预料到产品不当使用的可能性，以及说明书或警示信息可能产生的误解，或者其他未能达到产品或其书面材料公认标准的行为。

在产品责任案件中，正如合同纠纷等领域一样，评判的标准往往涉及一种难以捉摸的"普通人"（ordinary person）。当消费者接触到某产品时，该消费者应当被视为"普通消费者"。由于"普通人"的标准难以把握，有时法庭上要求助于字典来解决这个问题。但是事实上，我们并不了解一个多么普通的人才能称其为"普通人"，也不能确定这种称谓所意味的性质和特征。

语言学家在产品质量案中的主要任务为分析警示说明文本（Tiersma 2002；Dumas 1992；Shuy 1990）。一个语言学家不可能确定产品使用不当的可预见性程度，这是工程师、内科医生和药剂师们的研究领域。但是如果制造商预见到了产品使用不当的可能性，并且采取了警示措施，那么很显然，语言学家就可以发挥作用了。同样，语言学家们可以协助分析有关产品用法的书面说明，以及制造商的其他语言表达渠道，包括广告（见第 5 ~ 7 章）。

要发布产品警示信息，制造商必须采取一系列措施。首先，制造商必须确定并描述该风险的性质和危险性；接着他们必须告知读者如何避免这一风险；最后，应当以清晰明了的语言表述上述事项。要满足最后一个要求，应当遵循以下原则：

1. 警示信息必须足以引起读者注意。如果读者根本没有看到警示信息，他们也就不会去注意，更不用说去阅读该信息了。

2. 警示信息的措辞必须明白易懂，至少是"普通人"可以理解的。但是，事实上，某些警示信息的对象并不仅仅是"普通人"，如处方药的读者就是专业医务人员。

3. 警示信息必须尽量直白、明确。像"不要大量服用"就不够准确，因而很容易引发误解，甚至诉讼。要达到直白明确的要求，警示信息不仅应当描述产品中可能造成危害的成分，还要期待读者领会到该成分可能造成的后果。

4. 警示说明应当便于阅读和理解，包括适宜阅读的打印比例、页面布局、文本排序和文件设计，以及清晰易懂的笔调。

5. 警示说明的句法和词汇不能过于复杂，否则不便于"普通人"理解。印刷设计也起着重要作用，字号、字形、颜色、拼写以及"留白"等在很大程度上决定着警示文字是否清晰易懂。

6. 警示说明还应当提醒读者产品具有的潜在危险性，以及危险系数、后果和避免措施。

以上为语言学分析的指导原则，并且，语言学家可以将各政府监管机构规定的警示语标准（如有相关规定）与现实中产品警示说明中的文字进行对照。有时候，虽然制造商提供了所有必备信息，但在字里行间却淡化了产品的潜在危险。一旦相关监管标准规定必须给出某些信息，某些制造商就会在不违反该规定的情况下，尽量在警示说明中淡化产品的危险性，这样一来，警示说明也就失去了原有的效力。在某些极端情况下，制造商会故意略去监管标准要求的部分项目，或者通过巧妙排序淡化产品的危险性。

近年来，无论是在美国还是在其他国家，都出现了这个问题：有些"普通人"可能并不懂警示说明所使用的语言，即便他们懂得一些，可能也不够精通，因而无法理解警示文字的含义。现在，一些美国制造商在警示说明中使用了不止一种语言，特别是西班牙语，但是美国联邦法院和各州法院都没有对此作出任何规定。蒂尔斯玛（Tiersma 2002）提出，在某些情况下存在着这样一种常规：如果警示说明仅用英语一种语言写成，将不利于制造商在双语人群中营销该产品，特别是在某些情况下，制造商本应预见到非英语使用者或许不能理解英语警示文字。

语言学家要做的是拿出一整套语言学研究手段，从中选取那些最有助于案件处理的方法加以运用，无论这对于原告有利还是对于被告有利。对于其他专家证人来讲，同样不可有失偏颇，不可仅仅选择对其中一方有利的方法。语言学家的义务是分析语言，无论是对哪一方，得出的语言学分析结果都应当是一致的（Shuy 2006）。然而，值得一提的是，语言学家并不能潜入信息发出者或接收者的大脑中，得知其真实想法。总之，制造商的警示说明应当措辞明确，确保消费者能够理解，以便提醒消费者产品存在的潜在危险。交流包括三个因素：发送者、信息、接收者。语言学家的工作为，按照信息发出者和接收者对于该信息的理解，分析该信息的含义域。然而，个别信息发出者的真实意图并不在语言学研究的范围内，个别接收者的实际理解也存在同样的问题。

以下为应用语言学分析的四宗产品责任案件。其中三个案子涉及危险警示说明文字。第一份危险警示说明出现在商船船体清洗产品的包装罐上；第二个警示说明包含在家庭旅游车发动机的用户与操作者手册中；第三个产品责任案涉及一则女性保健产品的警示信息，警示该产品可能引发中毒性休克综合症（TSS）。虽然到目前为止，在产品责任案件中，语言学多用于分析警示标志，但其作用绝不止于此，正如第四个案件所示。74 该案涉及在一次飞行任务中飞行员与多个地面控制中心的对话，这表明在产品责任案件中，口头语也可以作为证据。

以下有关语言和产品责任案件的文献可供语言学家参考：

Cushing, Steven. 1994. *Fatal Words: Communication Clashes and Aircraft Crashes.* Chicago: University of Chicago Press.

Dumas, Bethany. 1992. Adequacy of cigarette package warnings: An analysis of the adequacy of federally mandated cigarette package warnings. *Tennessee Law Review* 59: 261~265.

Grice, H. Paul. 1975. Logic and Conversation. In Peter Cole and Jerry L. Morgan, eds., *Speech Acts*, vol. 3 of *Syntax and Semantics*, 41~58. New York: Academic.

Guidelines for Document Designers. 1981. Washington, D. C. : American Institute for Research.

Searle, John R. 1969. *Speech Acts: An Essay in the Philosophy of Language.* Cambridge: Cambridge University Press.

Shuy, Roger W. 1990. Warning Labels: Language, law, and comprehensibility. *American Speech* 65. 4: 291~303.

——1993. Language evidence in distinguishing pilot error from product liability. *International Journal of the Sociology of Language.* 100/101: 101~114.

Tiersma. Peter. 2002. The Language of law of product liability warnings. In Janet Cotterill, ed., *Language in the Legal Process*, 54~71. Houndmills: Palgrave Macmillan.

75 # 第八章　清洁产品造成的脑损伤

佩德罗·拉瑟诉磁通公司
(*Pedro Lassera v. Magnaflux Corporation*) [*]

　　美国东部的一个港口城市可以为出海船舶提供港口服务，船只定期停靠在该港口，等待清洗和维修。清洗工作通常指派给英语水平很差的低技术工人。这些工人通常要在密封的区域工作，那里甚至光线昏暗、通风不足。

　　正因此类清洁工作，一位名叫佩德罗·拉瑟的（Pedro Lassera）工人脑部严重受损，而且是由于他使用的清洁剂中的化学成分造成的。他的家人起诉该产品的制造商磁通公司（Magnaflux）产品责任侵权，声称包装罐上的警示标志不充分，导致这名工人遭受侵害。经过调查，拉瑟先生从未声称读过上述警示说明。然而，原告认为，不在封闭区域工作的拉瑟先生的上司本应当阅读过警示说明，并应采取适当措施保护拉瑟先生免受侵害。因此，警示说明成为本案的一个重要焦点。

资料

　　下文为可供分析的资料，包括监管标准和磁通产品包装罐

　　　* 案件卷宗号 No. 85 – 19736（20）. 佛罗里达州，迈阿密联邦地区法院，佛罗里达律师号 253952（U. S. District Court, Miami, Florida, Florida Bar Number 253952）.

说明。

监管标准

在本案中，监管标准起着重要作用。1982 年，美国国家标准协会（American National Standards Institute）制定了一份长达 40 页的工业化学物品标准，包括警示标志（ANSI Z 129.1）。以下为萨瑟先生案发时的最新版本，其中有关危险标签的标准如下：

- 包装罐上所贴标签的说明文字应当尽量简明。
- 用语应当切实——不仅根据产品的内在属性，还要直接说明产品在工作场所应用、处理和存贮过程中可能导致的可以预见的危险。
- 警示信号应当表明危险程度，可按危险系数降序排列为：危险！警告！小心！如果一个产品存在多重危险，只需标出程度最高的危险对应的信号。
- 在警示标志中应当考虑涵盖以下事项：①危险成分名称；②警示信号；③危险说明；④预防措施；⑤接触或暴露于该产品的说明；⑥解救措施；⑦医师注解；⑧容器处理与存储说明。

在该标准之后，该文件还提供了长达 30 页的案例说明，告知制造商应当如何就各种危害制作警示文字。

除上述要求之外，美国劳动职业安全和健康部（OSHA）还要求生产相关产品的公司填写重大安全数据表。磁通公司填写了该表，表明其产品包含 97% 的氯乙烷和 3% 的二氧化碳。在该重大安全数据表的"火险和爆炸危险"中，磁通公司称该气雾剂罐应当置于水中冷却，如果加热至约 54 摄氏度以上即有爆炸危险，气雾将分解为有毒气体，遇火、电弧或炙热表面则燃烧。过度暴露于该产品的后果为，初期可引发头晕，最终可导致昏迷。一旦暴露于该产品，使用者应当"转移至空气流通处"，如果误入眼睛，应当"用大量清水冲洗"。磁通公司指出："清洁剂会导致皮肤干燥不适，应当马上擦除。"该制造商还指出，"如遇火、电弧或炙热表面，该产品会产生光气和氯化氢有害分解物"。按照 OSHA 有关特别保护信息的规定，磁通公司提醒使用者，如果在封闭区域使用，应当带上单独的空气供应装备。

容器

该清洁剂的容器为筒状金属罐。容器正面贴有下述文字，如例 8.1 所示（字号尽量接近标签原文）：

例 8.1

磁通公司
清洁剂/去除剂
SKC_ NF/ZC-7B

不易燃

配方符合硫与卤素含量标准；

用于 NAVSHIPS 250－1500－1，MIL－1－25135. ASTM E165。

不含碳氟化合物推进剂

净重：13 盎司

磁通公司

美国伊利诺斯州芝加哥 60656

美国商标注册. Marca Registrada en Maxico

容器背面文字如例8.2所示：

例8.2

警告：本产品如不按照说明使用可能危害健康。
内有压力

成分：三氯乙烷。 仅在通风区域使用。 避免接触眼睛或皮肤，避免吸入气雾。 如入眼，反复用清水冲洗。 如误食，禁止诱导呕吐。 如果大量吸入气雾，转移至通风处。	如发生上述情况，应立刻就医。如接触皮肤，请用肥皂水清洗。 严禁刺破或焚烧容器，不得置于48摄氏度以上的环境存储。 **仅供有资格人员使用，工业用途，不得家用。** **远离儿童。**
说明：清洁剂/去除剂 磁通公司 清洁剂/去除剂为专门用途去除剂。 可与荧光渗透系统和其他渗透系统以及其他磁通公司测试产品与材料共同使用。 **用作预清剂：** 用于清除油渍的预清剂。直接涂于检验区，用布擦除污垢。可重复擦拭，直至干净为止。待测试区域干燥之后再做进一步处理。	**用作渗透剂：** 用做渗透剂时，将清洁剂/去除剂置于干净抹布上，将多余渗透物从表面擦除。可重复擦拭，直至干净为止。 不要用去除剂直接冲洗，以免损害机器灵敏度。 标号：No. 4 -3571 -00

语言学分析

拉瑟先生的代理律师给本人打电话，请本人确定该产品容器的警示说明是否表述清晰。本人发现了一系列问题并和该律师进行讨论，之后他向法院提出申请，请本人做本案的专家证人。于是，本人于1998年3月提交证词，指出该说明并没有突出产品成分的潜在危险，也没有明确表述产品可能给使用者造成的危害，并且有关出现事故后如何补救的建议也不够清晰明确。本人强调，该警示文字表述不够直接，有可能导致不必要的危害。本人还提出该警示说明中的话语排序有问题，总是把重要性较低的信息置于重要性高的信息之前。并且，本人还指出，警示文字越是详尽，越能够提起人们注意。本人还强调了具体化说明相对于普遍化说明的优点，且上述警示标志如果置于容器正面则会更加显眼。该标签并不包含任何有关使用者如何避免产品危险的信息。简而言之，上述证词旨在表明，该标签并没有为消费者着想，并且字里行间淡化了产品的危险性。

由于拉瑟先生只说西班牙语，本人还探讨了他是否读过该标签的问题，希望能够追究拉瑟先生上司的连带责任。对方律师也没有提出反对意见。

在整个出庭作证过程中，对方律师一直问本人应该如何修改警示标志。在此之前，本人并没有试着修改过，但是经过对方询问，本人也开始觉得修改一下也未尝不可，即便证人并没有为原告或被告做此类工作的义务。出庭作证之后，本人和本方律师决定，可以抽空重新设计一下整个容器的标签，以供出庭时使用。例8.3为本人对容器正面标签的修改版本。

例 8.3

磁通

清洁剂/去除剂

SKC_ NF/ZC-7B

危险/小心

本品含有甲基氯仿，可导致头晕、昏迷甚至死亡。

危险预防措施：

- 仅在通风区域使用

- 如果在密闭区域使用，应当带上空气供应装置

- 小心遵循所有使用说明

严禁吸入产品喷出气雾

严禁接触眼睛或皮肤

严禁靠近火焰或热源使用

严禁刺破或焚烧容器，不得置于 120 华氏度以上的环境存储。

不易燃

配方符合硫与卤素含量标准

用于 NAVSHIPS 250 – 1500 – 1，MIL – 1 – 25135，ASME-V，RDT 3 – 67.

不含碳氟化合物推进剂

净重：13 盎司

磁通公司

美国伊利诺斯州芝加哥 60656

美国商标注册．Marca Registrada en Maxico

容器背面的标签文字如例 8.4 所示：

例8.4

急救：如果使用者头晕或昏迷：	● 禁止诱导呕吐
● 立即通风换气	如果眼睛或皮肤接触到本产品
● 立即就医	
如果使用者误食本产品：	● 立即用清水冲洗。
	● 用肥皂与水清洗皮肤。
● 立即就医	● 立即就医
说明：	可重复擦拭，直至干净为止。待测试区域干燥之后再做进一步处理。
磁通公司清洁剂/去除剂专门与荧光渗透系统和其他渗透系统，以及其他磁通公司测试产品与材料共同使用。仅供有资格人员使用，工业用途，不得家用。远离儿童。作为预清剂时，仅用于清除残余物。涂于测试区，用布擦除污垢。	用做渗透剂时，将清洁剂/去除剂置于干净抹布上，将多余渗透物从表面擦除。可重复擦拭，直至干净为止。不要用去除剂直接冲洗，以免损害机器灵敏度。
	标号：**No. 4 – 3571 – 00**

经本人修改的版本与磁通公司的标签存在以下主要的不同点：

在容器正面：

1. 在产品名之后加上危险标志。

2. 陈述如何预防风险。

在容器背面：

1. 标明具体危险信号。

2. 具体说明身体接触情况如何处理。

修改版本保留了原标签的一些内容，包括产品运用说明。

这个案子充分地体现了有效话语结构原则，语言透彻的重要性、警示和建议的实效以及合理文件设计的必要性。最终，本案开庭前双方达成和解，本人的修改版标签也未经法庭审核。

第九章 一氧化碳中毒

伊娃·安德鲁斯等诉奥多比拖车销售公司、
弗利特伍德公司和 GENERAC 公司
(*Eva Andrews et al. v. Adobe Trailer Sales*,
Fleetwood Enterprises, *and Generac Corporation*)[*]

有的人喜欢乘拖挂在小卡车上的露营拖车去度假，还有的
人以此为家。从事旅行嘉年华工作的安德鲁斯（Andrews）一
家常年住在拖车里。一天晚上，在他们新买的拖车里，安德鲁
斯先生一觉醒来感到头晕恶心。他好不容易叫醒当时已经十分
虚弱的妻子，而他们年幼的儿子却一直昏迷不醒，他们怀疑出
事了。他们马上被送往附近的医院，三个人均被诊断为一氧化
碳中毒。

夫妻二人耽误了工时，而他们的儿子却为此付出了更沉重
的代价，他明显遭受了永久性脑损伤。他们找到一个律师，帮
他们提起产品责任诉讼，起诉发动机制造商 GENERAC 公司、
拖车制造商弗利特伍德公司（Fleetwood Enterprises）和该产品
的位于凤凰城的销售商。起初，很难确定哪一方应当为他们的

---

* 民事案件卷宗号 No. CV 99-112-M-DWM 美国蒙大拿州米苏拉区联邦地区法
院（U. S. District Court, Missoula Division, Montana）。

健康问题负责。制造商给了购买者足够的选择权，可以使用原装的欧南（Onan）发动机，也可以在购买时由经销商安装欧南或其他品牌的发动机。在本案中，安德鲁斯先生有权请经销商安装 GENERAC 发动机，以替代原装的欧南发动机。很明显，这使得 GENERAC 公司也要承担一部分责任。

本案需要两个领域的专家协助：一个是工程师，可以检验安装方法；另一个是语言学家，可以审核 GENERAC 发动机和奥多比（Adobe）房车的制造商弗利特伍德公司用户手册中的警示信息。本书收录了操作手册中的部分内容，以及美国国家标准协会（American National Standards Institute，ANSI）的相关规定。随着诉讼的进行，责任的重心完全转向 GENERAC 公司。

资料

本案中的资料包括美国国家标准协会的标准，以及分别由使用者所选电机的制造商即 GENERAC 公司、使用者未选电机的制造商欧南公司和房车制造商弗利特伍德公司发布的三份相关危险警示说明。通过对比，可以发现三家涉案公司的警示说明是否符合美国国家标准协会的标准。

美国国家标准协会制定的房车标准

美国国家消防协会（National Fire Protection Association，Inc.，NFPA）也执行了相关房车标准。该案可以适用 1993 年版的 ANSI A119.2/NFPA 501C 规定。例 9.1 展示了该标准的相关内容，尽量保留了原文本的样式：

例 9.1

2-6.3.2 燃料加热设备的排气管出口位置……排气管出口

不得置于房车下方。

警示案例

2-9.1.2.2 烹饪区域

警告：用烹饪工具加热有危险

操作烹饪工具需要保持空气流通以确保安全。

烹饪之前：

1. 打开车顶通风口或者打开排风扇，并且；

2. 打开窗户。

2-9.1.2.3 液化石油气容器

容器内填充液体不得超过容积的80%。

85

2-9.1.2.6

以下为贴在机动车量程区域附近的标签：

如果你闻到汽油味：

1. 立即熄火、关上指示灯，熄灭所有燃烧物。

2. 不要触碰电源开关。

3. 关闭油箱阀门或切断汽油供应。

4. 打开车门和其他通风口。

5. 离开该区域直至气体消散。

6. 检查燃油系统，处理泄露源，之后再投入使用。

2-9.2.3 燃油气体【同2-9.1.2.6】

2-9.2.4 烹饪设备上的警示标志：

应当在燃油区域附近明显处附上固定警示标志，标签中应包括"WARNING"（警示）一词，大小为3/8英寸（9.5毫米），正文字体为1/8英寸（3.2毫米）。

警告：用烹饪工具加热有危险

操作烹饪工具需要保持空气流通以确保安全。

烹饪之前：

1. 打开车顶通风口或者打开排风扇，并且；

2. 打开窗户。

2-10.2.2 电机燃料过滤器附近的标签

警告：在电机安装和燃油线路连接之前不要注入汽油。检查所有连接是否有泄露。*

3-3.4 操作检查警示标志

在烟雾探测器的明显位置设置大小 24 英寸（610 毫米）的固定标签，标签文字鲜明，大小在 1/8 英尺（3.2 毫米）以上，如下：

警告

应当在车辆闲置期间、每次开车前或使用期间至少每周测试烟雾探测器。

3-4.3 内置燃油排气装置

内置燃油引擎排气装置出口不应置于车体下方。排气装置应当延伸至车体外围，以便废气消散……设置内置燃油排气装置出口，不得使排气装置与生活区域之间存在周长为 6 英寸之内（152.4 毫米）的可流通气路，从排气管出口延伸至机动车端。无论内部燃油排气装置位于何处，可以开放的通风口或窗户不得安装在房车和露营卡车的后面。

3-4.6 一氧化碳检测器

所有配备内置燃油引擎，或者在设计上进行了相关考虑的房车都应当按照配置清单安装一氧化碳检测器。

86

---

*　英文原文的全部大写格式在译文中以黑体格式表示，下同。——译者注

3-4.7 内置燃油车辆

设有内置燃油引擎的房车应当将该引擎与生活区域隔离，防止气体、气雾泄露，消费者信息应当包含防止火灾和生命安全指南。

4-6.5.3 饮用水箱注水口标签

饮用水箱的每个注水口都应设有以下标签：

警告：仅用于饮用水

使用前消毒、冲洗并排水。

见说明书。

GENERAC 电机用户手册

GENERAC 产品用户手册长达 30 页，以安全操作的一般准则入手，首先为免责声明，如下：

GENERAC 公司不可能预测到可能引发危险的所有情况。因此，本手册、产品标签和装置铭牌中的警示说明并不涵盖所有情况。如果你运用了某种 GENERAC 并不建议的程序、方法或操作技术，那么，你必须确保，这样做不会危及自身和他人的安全。

87　　　关于一氧化碳气体的危害，该用户手册在第 1 页提到：

电机引擎通过排气系统排放致命的一氧化碳气体。一旦吸入足够浓度的此种危险气体，可能导致昏迷，甚至死亡。应当严格按照相关法规和标准正确安装这种排气系统。在安装中，不得处理不当，导致该系统不安全，或者不符合相关法规和标准。电机仓必须具备良好的气体密封性，不得有任何废气泄露进车厢内。

第 6 页做了进一步说明：

> 引擎废气：启动电机之前，应当确保废气不会渗入车厢内，危害人类或动物安全。关闭门窗和其他通风口，否则，有可能将废气引入车厢内。
>
> 危险！电机引擎通过排气系统排放致命的一氧化碳气体。一旦吸入足够浓度的该种危险气体，可能导致昏迷，甚至死亡。如果排气系统泄露或者受损，不要启动电机。一氧化碳中毒症状包括：①神志不清，②呕吐，③肌肉抽搐，④太阳穴抽痛，⑤头晕，⑥头痛，⑦无力、嗜睡。如有任何以上症状，立即转移至空气流通处，如果症状仍未消失，立即就医。

第 9 页包含另一则警示：

> 当车停在草丛、芦苇、灌木丛或树叶上时，务必关闭电机。上述物质会被排气系统释放的热量引燃。电机排气系统运作时会释放出大量热量，并且在关闭后会持续很长一段时间。

88

第 14 页为有关电池危险性的警示说明（并非一氧化碳）：

> 危险！蓄电池释放具有爆炸风险的氢气。这种气体会在充电后几个小时内在电池周围形成爆炸性气体。即使是微弱的火花也可能引燃该气体，引发爆炸。这可以将电池炸成碎片，使人致盲，或者造成其他伤害。放置蓄电池的区域应当适当通风。严禁在电池附近吸烟、使用明火、制造火花或放置任何产生火花的工具或设备。
> 危险！电池电解液是一种腐蚀性极强的硫酸，可以导致严重烧伤。防止该物质接触眼睛、皮肤、衣物、油漆表面等。处

> 理电池时应佩戴护目镜、防护衣和防护手套。若有液体喷溅或流出，立即用清水冲洗相关区域。
>
> 　　危险！严禁运用任何应急电缆或任何升压电池组来驱动或启动电机引擎。如果电池电量耗尽，将其从车中取出以便充电。

GENERAC 产品用户手册的后 15 页包括故障修理信息以及电机的草图。

89　欧南电机操作手册

值得一提的是，欧南电机为可供顾客选择的制造商原装电机，而顾客却选择请经销商安装了 GENERAC 电机。欧南产品的操作手册长达 15 页，此处摘录了其中的相关内容，以供比较。该手册第一页为"安全预警"，包含以下内容：

> ●废气有毒
>
> 　严禁在电机运行状态下睡在车里，除非车内配有运转正常的一氧化碳探测器。

在第 5 页"运行"一节中提出以下警示信息：

> **警　告**
>
> **废气有致命危害**
>
> 　废气中含有一氧化碳，一种无色无味的气体。一氧化碳是一种有害物质，可以致人昏迷甚至死亡。一氧化碳中毒症状包括：
>
> | ●昏迷 | ●太阳穴抽痛 |
> | ●反胃 | ●肌肉抽搐 |
> | ●头痛 | ●呕吐 |

●无力、嗜睡　　●神志不清

如有任何以上症状，立即转移至空气流通处。如果症状仍未消退，请立即就医。关闭该电机，不经检测维修不得启动。

严禁在电机运行状态下睡在车内，除非车内配有运转正常的一氧化碳探测器。防止一氧化碳吸入的措施包括：正确安装排气系统，并在每次启动电机时对整个系统进行外观和发声检测。

启动之前

90

警告　废气危险，可致人重伤或死亡。确保所有排气装置运转正常且安全。

严禁将车停在草丛或灌木丛中。

警告　电机起火可致人重伤或死亡。严禁将车停在草丛或灌木丛中，并启动电机。

如果废气不能有效从车内排出，不要启动电机。

警告　废气可致人重伤或死亡。在有墙壁、雪堆或其他障碍物阻挡废气释放的情况下，不要启动电机。电机组运行时，不要在房车中启动任何排气风扇，以免将废气引入车厢内。

在手册第9页的维修标题项中含有如下内容：

排气

检查排气系统是否泄漏。如为设有常规隔板的电机组，检查该隔板是否有漏洞，以免废气进入房车内。如果电机运转声响较平时大，隔板有漏洞通往车厢，或者排气系统泄漏，严禁启动电机。

> **警告** 废气为危险物质，可严重损害人体或致人死亡。一旦发现任何废气泄漏，不要运行电机组，马上维修排气系统。

在欧南操作手册的最后一页，即第 15 页，含有以下内容：

> **警告** 废气危险，可致人重伤或死亡。确保所有零件重新装配于正确位置，且排气系统运转正常，以防止任何废气泄漏。

91 弗利特伍德（Avion 型房车）操作手册

这份长达 61 页的手册在第 1 页明确指出担保声明，接下来是一页"重要提醒"，其中包括三则警告，说明了制造过程中所用树脂可能造成的过敏反应。接下来是"安全规范"，其中包括四则警告，分别关于储存、烹饪时通风、避免在车内使用炭火烤架以及液化气罐的可燃性 4 项内容。随后的几页中说明了有关拖挂装置使用、刹车系统、电池操作组件、超载、存储、安全驾驶、轮胎承压能力的注意事项。在手册的第 15 页为关于一氧化碳的警示说明，如下：

> **警 告**
>
> 废气有致命危害。不要阻塞排气管，不要将车置于可能使废气积存在本车或其他车周边、车下或车内的地方。外部空气流动可以使废气通过车窗或其他隐蔽缝隙渗入车内。只有在确保废气安全释放的前提下才能启动引擎，并且应当监控外部状况，确保废气安全释放。

注意废气（一氧化碳）中毒症状：

昏迷

头痛

无力或嗜睡

反胃

呕吐

肌肉抽搐

太阳穴抽痛

神志不清

如果出现疑似一氧化碳中毒症状，请立刻关闭引擎，转移至通风处，寻求医疗救助。

警　告

无论在任何情况下，睡眠时务必关闭电机。

后面几节包括"拖车住宿"，"铅管系统"、"电力系统"、"液化气系统"、"装置"和"设备"。其后一节涵盖了安装烟雾探测器的注意事项，其中最后两句提到： 92

您的拖车可能设有自行安装的一氧化碳（CO）探测器。这种探测器通常装在主卧区，可以使您警戒空气中一氧化碳的危险程度。

电机章节（第48~49页）包括以下内容：

警　告

废气具有致命危害。废气中包含一氧化碳，一种无色无味气体。一氧化碳可致人昏迷和死亡。

防止一氧化碳吸入的措施包括：正确安装排气系统，并在每次启动电机时对整个系统进行外观和发声检测。

不要阻塞排气管，不要将车置于可能使废气积存在本车或其他车周边、车下或车内的地方。外部空气流动可以使废气通过车窗或其他隐蔽缝隙渗入车内。只有在确保废气安全释放的前提下才能启动引擎，并且应当监控外部状况，确保废气安全释放。

无论在任何情况下，睡觉时务必关闭引擎。因为睡觉时，您将无法监控外部状况以确保废气不进入车厢内，且您将无法警惕废气或者一氧化碳中毒症状。

每运行 8 个小时检查一次电机排气系统，一旦该系统或拖车结构受损，在下次启动之前应修补漏洞或清理障碍。

警　告

当车停在草丛或灌木丛中时，不要启动电机，否则废气热量可致火灾。

语言学分析

该文本话语结构的特征包括：组织形式（如话题的介绍和重述）、话题排序逻辑、警告等言语行为的运用、警告和建议等言语行为的语义差异以及某些交流手段，例如，如何运用重复、话语标记、详略、拼写特征等。

话题介绍

对于对话资料的处理，通常要对整个对话进行话题分析，之后再选取重点话题进行详细分析。然而，在大段的文本中，正如本案中的证据，上述方法会十分费时，并且不一定有效。当然，文本中有许多话题，但是诉讼的性质决定了哪些为应该审核的内容。本人选取了重点话题，将 ANSI 标准相关规定与用户与操作手册进行对照。本人还比较了被告 GENERAC 公司与未选用电机的制造商欧南公司对相关话题的处理，如下：

话题：在电机运行的状态下在车中睡觉

GENERAC 电机的用户手册并没有提到有关用户在电机运行时在车内睡觉的内容，而欧南电机的操作手册却在第 5 页第一个有关废气的警示中具体提到了这个问题，可以用于比较：

> 严禁在电机运行状态下在车内睡觉，除非车内配有运转正常的一氧化碳探测器。

同样，在弗利特伍德电机用户手册的第 16 页，也有相关文字：

> **无论在任何情况下，睡觉时务必关闭引擎。**
> 因为睡觉时，您将无法监控外部状况以确保废气不进入车厢内，且您将无法警惕废气或者一氧化碳中毒症状。

在这里，弗利特伍德电机的用户手册明显不够明确，并没有说明"引擎"（engine）的具体指代内容，这会导致严重的理解问题。该手册并没有表明"引擎"所指的是"电机引擎"，这很有可能令读者产生误解，将"引擎"误解为牵引车的引擎或者房车上的其他引擎。由于"引擎"一词指代不明，弗利特伍德用户手册中的警示很有可能造成读者误解或困惑。

话题：安装一氧化碳（CO）探测器的必要性

GENERAC 用户手册中没有任何话题涉及安装一氧化碳探测器的必要性，因此根本没有提到电机运行状态下睡于车内的危险性。对此，欧南电机操作手册中含有明确警示信息，见第5页：

> 严禁在电机运行状态下睡在车内，除非车内配有运转正常的一氧化碳探测器。

95 　　弗利特伍德产品用户手册中包含标题为"一氧化碳检测器（如配备）"一节，表明一氧化碳探测器可以令用户警戒"空气中一氧化碳的危险程度"。这一段描述了一氧化碳探测器，但并未以"警告"为标题，且下文中也未出现警告字样，也没有建议用户必须（甚至应当）安装一氧化碳探测器。相反，文中只是用了"如果装有"和"您的拖车可能设有自行安装的一氧化碳（CO）探测器"等表述。

　　尽管弗利特伍德的用户手册明确表明安装一氧化碳探测器是有选择性的，但这明显不符合 ANSI 标准中关于房车的条款：

> ANSI A119.2 NFPA 501C 房车，1993 年版
>
> 　　3-4.6 一氧化碳检测器：所有配备有内置燃油引擎，或者在设计上进行了相关考虑的房车都应当按照配置清单安装一氧化碳检测器。

　　弗利特伍德电机的用户手册描述了运用这种探测器的重要

性，但没有警示（甚至建议）用户应当安装该探测器。然而，ANSI 标准却明确规定必须安装该探测器。

GENERAC 电机的用户手册根本没有提及一氧化碳探测器的重要性，尽管这种探测器有助于避免危险事故。即便 GENERAC 公司和弗利特伍德公司并不认同一氧化碳探测器的必要性，但废气的严重危害不可否认，而且这种探测器也能起到作用，因此，上述两个公司应当建议用户为自身安全着想安装该探测器。

话题：在电机运行时启动排气风扇

GENERAC 电机和弗利特伍德电机用户手册中，都没有涉及电机运行时启动排气风扇的话题。然而，欧南电机的操作手册却包含相关内容，如下：

> 电机组运行时，不要在房车中启动任何排气风扇，以免将废气引入车厢内。

话题排序

在一个设定的话题范围内，话题要点的排序可以为读者提供重要信息。读者通常期待先看到最重要的问题，接着为次要问题。按着读者这一期望，如果未能将警示文字中最重要的内容置于开头，则会减弱或者稀释该警示文字的话语影响力。当话题为严重危险警告时，这尤其重要。因此，即使对所有危险事项已做说明，也有可能因为话题中信息排序不当，使得读者对于危险程度的理解不够清晰。

话题：排气障碍的危险

GENERAC 用户手册中提到了潜在排气障碍问题及其对电机可能造成的潜在损害，却没有提到，如有相关障碍，或在此种情况下会对用户人身安全产生何种危害。

> 冷却和通风气流：电机箱空气入口和出口应当保持开放通畅状态，以便正常运转。如果没有足够的冷却和通风气流，引擎电机将很快过热，导致关闭或者损伤电机或车体。

GENERAC 电机用户手册在提到潜在电机损伤内容两个自然段之后，又通过一则"警告"说明电机引擎会释放出致命的一氧化碳气体，可致人昏迷，甚至死亡。这一排序意味着人身危害似乎还不如电机损伤重要。而 GENERAC 公司的竞争者——欧南公司，却在其操作手册中首先就电机排气障碍问题进行了有关车内人身安全的警示说明，举例说明可能产生的障碍物，并解释危险的原因，丝毫没有提到这对电机可能造成的损伤。

97

> **警告**：废气可致人重伤或死亡。在有墙壁、雪堆或其他障碍物阻挡废气释放的情况下，不要启动电机。电机组运行时，不要在房车中启动任何排气风扇，以免将废气引入车厢内。

尽管弗利特伍德电机用户手册提及有关排气障碍导致人身伤害的警告，却采取了字母全部大写这种效果较差的格式，如下：

WARNING

EXHAUST GASES ARE DEADLY. DO NOT BLOCK THE TAILPIPES OR SITUATE THE VEHICLE IN A PLACE WHERE THE EXHAUST GASES HAVE ANY POSSIBILITY OF ACCUMULATING EITHER OUTSIDE, UNDERNEATH, OR INSIDE YOUR VEHICLE OR ANY NEARBY VEHICLES. OUTSIDE AIR MOVEMENTS CAN CARRY EXHAUST GASES INSIDE THE VEHICLE THROUGH WINDOWS OR OTHER OPENINGS REMOTE FROM THE EXHAUST OUTLET. OPERATE THE ENGINE (S) ONLY WHEN SAFE DISPERSION OF EXHAUST GASES CAN BE ASSURED, AND MONITOR OUTSIDE CONDITIONS TO BE SURE THAT EXHAUST CONTINUES TO BE DISPERSED SAFELY.

　　这是文件设计专家和技术文档工程师们公认的一点：当多行文字均为全部大写时（通常以强调为目的），该文本的效果和易读性将会大打折扣（Tinke 1969；Salcedo, Reed, Evans, and Kong 1972）。实际上，读者可以发现，这种文本根本就不会引起读者的阅读兴趣。

警示话题的详略

　　详略有当是有效交流的关键之一。在警示潜在危险的文字中，这尤其重要。我们将通过分析本案中的例子，来探讨详略得当问题。

话题：电机排气障碍

　　我们以电机排气系统障碍话题为例，说明 GENERAC 用户手册详略不当，在应详写之处不够详细。

　　该用户手册中"一般安全规则"标题项下包含如下内容：

> 适当通风可以驱散从电机箱释放出来的有毒烟雾和汽油蒸汽。不要随意变动设备装置，以免以任何方式阻塞排气和通风口。排气和通风口必须保持畅通无阻。

我们并不能从上述一般建议中得知任何障碍类型及其产生原因。无论"适当通风"和"以任何方式阻塞排气"究竟是什么意思，总之这种表述不明确、不具体。公正地说，该手册第6页的另一个标题项对此问题进行了较上文略为详细的表述：

> 引擎废气：启动电机之前，应当确保废气不会渗入车厢内，以免危害人类或动物安全。关闭门窗和其他通风口，如果敞开，就有可能将废气引入车厢内。

虽然上文建议读者通过关闭车厢来避免危险，但是仍然没有提及任何具有潜在危险性的内部排气障碍问题。读者可以知道，如果废气泄露该如何去做（如关闭车厢），但是却无法得知起初应该如何预防具体的外部排气障碍。

直至 GENERAC 用户手册的第9页，"在草丛或灌木丛中运行"（注意标题中没有警告字样）一段中，才提到了可能导致危害的具体外部障碍：

99

> 当车停在草丛、芦苇、灌木丛或树叶上时，务必关闭电机。上述物质会被排气系统释放的热量引燃。电机排气系统运作时会释放出大量热量，并且会持续至关闭后很长一段时间。

上文列出了潜在的排气障碍，同时说明了发生火灾的潜在危险，并且暗示这样可能会损伤电机。很明显，文中并没有明确提到火险对人体造成的潜在危害，也没有警示用户在草丛、芦苇、灌木丛或落叶间停车，且运行电机时会导致一氧化碳废气蔓延所造成的潜在危险。

弗利特伍德的用户手册涉及排气障碍与一氧化碳蔓延危险的因果联系，但没有具体说明排气系统障碍的类型和原因，并且，如上文所述，该手册运用长达十行的全部大写格式传达了这一信息。

> **警　告**
>
> 废气有致命危害。不要阻塞排气管，不要将车置于可能使废气积存在本车或其他车周边、车下或车内的地方。外部空气流动可以使废气通过车窗或其他隐蔽缝隙渗入车内。只有在确保废气安全释放的前提下才能启动引擎，并且应当监控外部状况，确保废气安全释放。

同样，这里列出了欧南电机操作手册的相关内容作为对比。与 GENERAC 不同，欧南电机的操作手册非常具体地说明了排气障碍可能导致的人身伤害或死亡风险，以及如何避免具体的外部排气系统障碍。在同一页，欧南电机操作手册就相关人身安全问题提出两个警告，第一个有关火灾危险，第二个有关废气吸入危险。

> **警告**　电机起火可致人重伤或死亡。严禁将车停在草丛或灌木丛中并启动电机。如果废气不能有效从车内排出，不要启动电机。

> **警告** 废气可致人重伤或死亡。在有墙壁、雪堆或其他障碍物阻挡废气释放的情况下，不要启动电机。电机组运行时，不要在房车中启动任何排气风扇，以免将废气引入车厢内。

话题：电机外观和/或发声检测

GENERAC 用户手册在开端的"一般安全规则"标题项中提出如下建议：

> 定期检测电机。立即维修或更换损坏或故障零件……您必须确保这样做不会危及自身和他人的安全。

从上文中我们可以得知，GENERAC 建议用户"定期"检测电机，但是并没有指出"定期"的具体含义。并且，读者也无从得知检测的项目和方式。

弗利特伍德公司的用户手册中，两个有关废气危害的标题项都说明了具体的检测时间和项目，具体如下：

> 启动引擎前检测排气系统以免发生行驶事故。监测外部条件保证废气可以安全排放……每运行 8 个小时检查一次电机排气系统，一旦该系统或拖车结构受损，在下次启动之前修补漏洞或清理障碍。

同样，其竞争产品欧南电机的操作手册中提供了更为充分的建议，其中包括发声测试：

101

> **一般测试**
> 每 8 个小时进行一次一般监测。启动电机组，从外观和发声

方面检查电机运转是否正常。

排气

检查排气系统是否泄漏。如为设有常规隔板的电机组，检查该隔板是否有漏洞，以免废气进入房车。如果电机运转声响较平时大，隔板有漏洞通往车厢，或者排气系统泄漏，则严禁启动电机。

"DANGER"、"WARNING"、"CAUTION"与"HAZARD"的语义学分析

如何恰当描述"danger"（危险）、"warning"（警告）、"caution"（小心）与"hazard"（危险说明）四个词的相对严重程度？普通字典很难提供实质性帮助，因为这些字典往往用一个词来定义另外一个。这的确难以区分，例如，在美国将米兰达警告表述为"Miranda'warnings'"，而在英国，同样的情况下应当用"cautions"。虽然在日常生活中这几个词的区别并不明显，但是制造业仍然需要制定一些规范，区分一下上述危险性说明。

因此，美国国家标准协会采用了三级危险警示词汇表，定义了"danger"、"warning"与"caution"三个词，而"hazard"一词只是作为三个词的宽泛概括，具体内容如下：

"DANGER"指一种迫近的危险状况，如果不能避免，会致人死亡或重伤。

"WARNING"指一种潜在的危险状况，如果不能避免，可致人死亡或重伤。

"CAUTION"指一种危险状况，如果不能避免，可能造成

> 轻微或重度伤害。"CAUTION"还可以用于警示用户不要进行危险操作。

既然电机和房车的制造商都应当遵守美国国家标准协会的规定，上述描述性文字就可以适用于其产品，特别是产品的用户与操作者手册。

102　　并且，我们还可以比较上述定义词分别在 GENERAC、弗利特伍德和欧南产品手册中的用法。GENERAC 的用户手册含有 5 个以"Danger"为标题的警示信息，代表了风险的性质和程度。其中，1 个涉及火险，3 个涉及电池，还有 1 个涉及废气。在"危险"标题项内，GENERAC 表明读者不应当用应急电缆启动引擎，却没有提到这样做可能引发的潜在人身伤害。按照美国国家标准协会的标准，在这种情况下，运用"危险"一词显然是不恰当的。

弗利特伍德的用户手册中含有 56 个"Warning"标题项。其中，34 项涉及设备零件损坏的潜在风险，在剩下的 22 个标题项中，只有 2 项涉及一氧化碳废气的危害。在该手册中，"警告"一词既用于警示死亡或重伤风险，又用于说明设备损坏的潜在风险以及操作注意事项，严重淡化了美国国家标准协会定义的"Warning"，降低了其警示重伤或死亡风险的效力。

与之相对，欧南操作手册中含有 18 个"Warning"标题项，其中 17 个涉及人身危害或死亡的潜在风险。在这 17 项中，5 项涉及废气、3 项涉及火灾和烧伤、5 项涉及爆炸风险、4 项涉及拆卸引擎可能造成的人身伤害、1 项涉及意外启动引擎。欧南的操作手册包括 7 个"Caution"标题项，其中 6 项涉及潜在引擎故障及操作注意事项。除了两个标题项例外，欧南操作手册恰当地用"警告"一词表示重伤或死亡的潜在危险，用"小心"一词表示潜在的设备损坏风险以及操作注意事项。

总之，欧南产品操作手册中涉及废气危险的次数比 GENERAC 多 5 倍，比弗利特伍德多 2.5 倍。并且，欧南产品操作手册中的"警告"标题项数目比 GENERAC 用户手册中的"危险"标题项多几近 4 倍。

在整个 GENERAC 产品用户手册中，仅有三个标题项提到了致人重伤或死亡的危险。其中，一个"危险"标题项说明了一氧化碳气体危险，一个涉及电池排出的爆炸性氢气危险，另一个涉及电池电解液危险。在手册中的另外两个"危险"标题项中，一项只是暗示火险对人身安全造成的危害，并未做确切说明，另一项根本就没有涉及人身安全问题，只是强调不得运用应急电缆启动电机。

按照行业惯例，"Danger"表示一种迫近的危险状况，如果不能避免，会致人死亡或重伤。GENERAC 用户手册中，"危险"一词有时涉及人身安全，有时涉及设备损害或操作注意事项，各项危险性说明中将风险的严重程度和性质混为一谈，可能导致读者混淆危险的程度和性质。显而易见，在废气风险的性质和程度方面，GENERAC 用户手册未能提供重要且必要的相关信息。

按照行业惯例，"Warning"标题项表明潜在的危险状况，如果不能避免，可致人死亡或重伤。弗利特伍德用户手册中，"警告"一词有时涉及人身安全，有时涉及设备损害或操作注意事项，各项危险性说明中将风险的严重程度和性质混为一谈，可能导致读者混淆危险的程度和性质。显而易见，在废气风险的性质和程度方面，弗利特伍德用户手册也未能提供重要

103

且必要的相关信息。

风险规避建议

美国国家标准协会规定，制造商必须建议消费者采取具体措施以规避产品使用相关的风险。瑟尔将这种建议行为简单地称为"告诉你怎样做最好"（Searle 1969）。手册的撰写者有理由相信读者可以从中受益，很难想象，如果没有上述建议，消费者该怎么办。

GENERAC 用户手册提出了许多有关如何规避风险的建议。其中两个有关电池电解液的"危险"标题项提到了规避风险的方法。其中一处为："处理电池时应佩戴护目镜、防护衣和防护手套"。另一处为，"严禁在电池附近吸烟、使用明火、制造火花或放置任何产生火花的工具或设备"。上述例子明显表明，GENERAC 用户手册提供了规避风险的具体建议。与之相对比，在该手册唯一关于一氧化碳废气的"危险"标题项中，有如下文字："如果排气系统泄露或者受损，不要启动电机"。上述建议预先假定，在潜在问题爆发之前，手册读者有能力确定或识别系统泄漏故障或其他风险。简而言之，即便这可以算作警告建议，与前述有关电池的建议不同，也没有告知读者如何确定故障，从而规避潜在风险。

与之相较，欧南电机操作手册的警示项中提供了许多有关如何规避风险的具体实例，如：

104

- 严禁将车停在草丛或灌木丛中并启动电机。
- 电机组运行时，不要在房车中启动任何排气风扇。
- 不要在燃料或燃料组件周边吸烟或允许任何火源靠近，房车附近应置有 ABC 型灭火器。

- 维修前应当完全断开电机组的启动电池接线。
- 电机运行时不要检查油量，否则汽油会从油箱中冒出。
- 清理燃油系统之前应当熄灭所有火源，如指示灯和可产生火花的电力系统。保持通风以驱散释放出的液化石油气体。
- 安装过滤器组件后，打开燃料断流活门，运用肥皂水检查过滤器是否有泄漏之处。如有，立即关闭燃料断流活门。

话语形式与格式的清晰度

　　GENERAC 公司这份长达 30 页的用户手册，以密密麻麻的一长段文字开头，标题为"一般安全规则"，其中包含 71 个句子，没有任何警示标题，只是提到了如下文字："可致人昏迷甚至死亡"。在该手册的其他部分，共有 5 次以"危险"为段落标题（分别位于第 3、6、14 页），单独列出，并且连续 6 ~ 15 行均采用全部大写形式。如上所述，在多行中采用全部大写形式，可以令读者难以处理和理解文字。尽管全部大写可以给人强调的印象，但是这种格式反而不利于读者理解，因为全部大写格式从视觉上来看没有任何跌宕起伏，会令读者丧失阅读的兴趣（Tinker 1969）。弗利特伍德产品用户手册甚至更加频繁地使用多行全部大写格式，特别是在其"警告"标题项中，这也恰恰是最应当令读者理解的信息。

　　在文档设计方面，GENERAC 手册中的"一般安全规则"也很少有什么"留白"，其中包含约 14 个项目符号段落，段落中没有任何大标题、小标题或语段标题，这使得读者难以确定各项目符号段落的来由、话题以及相互之间的关联（Smith and McCombs 1971）。

105 与之对比，欧南电机手册的首页以"安全注意事项"为标题，明确说明了该手册所用的危险符号与标题的含义。该手册的首页包含55个句子，其中有7个项目符号段落，项目符号之下又分出几点内容，且各段之间"留白"也比较充分。从文本的可读性考虑，欧南手册并未采用多行全部大写的格式，而是交错运用粗体和项目符号的形式区分各项，并且将其单独列出，这样更有利于读者阅读和理解。

本人以书面报告的形式总结了研究结果，概况如下：

GENERAC电机用户手册未能：
- 反复强调有关排气的警示说明；
- 警示用户不得在电机运行时在车内睡觉；
- 提醒用户安装一氧化碳探测器的必要性；
- 警示用户不得在电机运行时启动排气风扇；
- 通过重要警示信息的有效排序来强调人身危险而非电机损伤的重要性；
- 有效警示客户规避排气风险；
- 准确运用规定的警示标题且前后保持一致；
- 遵循有效交流原则，避免在多行中运用全部大写格式；
- 遵循公认的有效文档设计原则。

弗利特伍德电机用户手册未能：
- 足够反复强调有关排气的警示说明；
- 提醒用户安装一氧化碳探测器的必要性；
- 警示用户不得在电机运行时启动排气风扇；
- 有效警示用户电机系统障碍的具体风险；
- 准确运用规定的警示标题且前后保持一致；

- 遵循有效交流原则，避免在多行中运用全部大写格式；
- 遵循公认的有效文档设计原则。

本案中适用了话语分析（特别是话题与话题排序）、语言 106
行为和语义学等语言学研究手段。文档结构与设计有效性的分
析也起到了一定作用。将 GENERAC 电机用户手册对危险性说
明的处理与欧南电机操作手册进行比较，很容易发现，制造商
只要愿意，就完全可以依照美国国家标准协会的标准写出有效
的警示说明。欧南公司在警示潜在风险方面做得较好。得益于
语言学分析，本案的原告律师在原定开庭时间的前一个星期就
得到了满意的和解结果。

·107 第十章　　卫生棉条引发的中毒性休克综合症

克里斯托·H. 莱因哈特诉倍得适公司
(*Krystal H. Rinehart v. International Playtex*)*

一般来说，在月经期使用卫生棉条的女性面临着患上中毒性休克综合症（TSS）的风险。20 岁的克里斯托·莱因哈特（Krystal Rinehart）就遇到了这样的事情。她的病情相当严重，使得她的家人不得不对她所使用的卫生棉条的生产商倍得适公司（Playtex）提起产品责任诉讼。

资料

除了医学专家提供的证词之外，莱因哈特诉倍得适公司（Rinehart v. Playtex）一案中的主要证据是贴在卫生棉条盒上的警告标识，以及置于盒内的更加详细的药品说明书。那么警告标识和说明书是否起到了足够的警告作用以防止莱因哈特女

---

* 案件卷宗号：Cause No. IP 87-169C. 美国联邦地区法院，印第安纳州南区，印第安纳波利斯，印第安纳州（U. S. District Court, Southern District of Indiana, Indianapolis, Indiana）"晶石标签：语言、法律与理解"中有本案的较详细版本［A less detailed version of this case appeared as "Warning labels: Language, Law, and comprehensibility" in *American Speech* 64. 4 (1990): pp. 291～303］。

士患上 TSS？如果没有，那么 Playtex 是否应当受到经济处罚？

那张折叠说明书是塞在包装盒内的，并且双面都有内容。一面是"关于中毒性休克综合症（TSS）的重要信息"，另一面是"卫生棉条使用说明"。以下例 10.1、10.2 将尽可能地按照其真实的尺寸和格式再现了该说明书的正反面内容，但不包括其中的插图。

EXAMPLE 10.1　　　　　　　　　　　　　　　　108

Important Information

About Toxic Shock

Syndrome（TSS）

READ AND SAVE THIS INFORMATION ABOUT THESE TAMPONS：

WARNING SINGS

WARNING SIGNS OF TSS FOR EXAMPLE ARE：SUDDEN FEVER（USUALLY 102°. OR MORE）AND VOMITING, DIARRHEA, FAINTING OR NEAR FAINTING WHEN STANDING UP. DIZZINESS OR A RASH THAT LOOKS LIKE A SUNBURN.

IF THESE OR OTHER SIGNS OF TSS APPEAR. YOU SHOULD REMOVE THE TAMPON AT ONCE, DISCONTINUE USE, AND SEE YOUR DOCTOR IMMEDIATELY.

There is risk of TSS to all women using tampons during their menstrual period. TSS is a rare but serious disease that may cause death. The reported risks are higher to women under 30 years of age and teenage girls. The incidence of TSS is estimated to be between 6 and 17 cases of TSS per 100,000 menstruating women and girls per year. You can avoid any possible risk of getting tampon-associated TSS by not using tampons. You can possibly reduce the risk of getting TSS during your menstrual period by alternating tampon use with sanitary napkin use and by using tampons with the minimum absorbency. Playtex makes regular absorbency tampons for lighter flows and Super and Super Plus absorbencies for heavier flows.

If you have had warning signs of TSS in the past, you should check with your doctor before using tampons again.

Information about TSS on the package and in this insert are provided by Playtex in the public interest and in accordance with the Food and Drug Administration (FDA) tampon labeling requirements. TSS is believed to be a recently identified condition caused by a bacteria called staphylococcus aureus. The FDA does not maintain that tampons are the cause of TSS. The FDA recognizes that TSS also occurs among nonusers of tampons. If you have any questions about TSS or tampon use, you should check with your doctor.

例 10.1

关于中毒性休克综合症（TSS）的重要信息

请阅读并保存关于卫生棉条的信息：

需警惕的症状：

需警惕的中毒性休克综合症症状包括：突发性高烧（通常 38.8℃ 或更高）及呕吐，腹泻，站起时突然昏厥或几乎昏厥，头晕或出现像晒斑一样的皮疹。

如果出现此类或其他症状，请务必立即取出卫生棉条，停止使用，并立即去看医生。

对于所有处于月经期的女性来说，使用卫生棉条都会存在风险。TSS 是一种罕见却很严重而且可能导致死亡的疾病。年龄 30 岁以下的女性及青春期的少女更容易遭受此类风险。据估计，在每 10 万名处于月经期的女性和少女中，每年会发生 6~17 个 TSS 病例。您可以不使用卫生棉条，以杜绝遭遇任何可能因卫生棉条而患上 TSS 的风险。您也可以将卫生棉条和卫生巾交替使用或者使用吸收性最小的卫生棉条，以降低您在经期患上 TSS 的风险。针对流血量低的女性，Playtex 提供了具有普通吸收性的棉条；针对流血量大的女性，Playtex 提供了具有强效及超强效吸收性的棉条。

如果您过去曾出现过上述列举的需警惕的 TSS 症状，在再次使用卫生棉条之前应当先咨询医生。

为了公众利益，且遵循食品药品管理局（Food and Drug Administration）关于卫生棉条警告标示的要求，Playtex 在包装盒及本说明书内提供了关于 TSS 的相关信息。据说，TSS 是由一种叫做金色葡萄球菌（staphylococcus aureus）的细菌引起，且最近才得到确定的一种疾病。食品药品管理局没有认定卫生棉条的使用是患上 TSS 的原因，食品药品管理局认为在一些不使用卫生棉条的人群当中，也会发生 TSS 的病例。如果您有任何关于 TSS 或卫生棉条使用方面的疑问，请咨询您的医生。

EXAMPLE 10. 2

109

Tampons

Usage Instructions

· Tampons are not recommended for use between periods.

Before Using Tampon

· Examine the barrel of the applicator for imperfections.

Make sure the petals at the lip are closed and rounded. If you note any flow, DO NOT USE.

[drawings here]

right way to use   wrong way to use

- For ease of later removal, pull on the strings to make sure they are firmly attached.

To Insert

- Relax-either stand (legs apart and knees slightly bent or one foot on the toilet) or sit (knees apart).
- Hold applicator with thumb and middle finger at rings only.
DO NOT PUSH PLUNGER YET.
- Insert applicator into vagina and slant toward lower back until fingers touch your body.
- Use forefinger to GENTLY push plunger until flush with outer tube. KEEP BARREL AS STATIONARY AS POSSIBLE.
- Withdraw applicator.
- GENTLY tug on removal strings until you feel slight resistance. Tampon is now properly positioned for maximum leakage protection.

Changing and Removal

- Change tampon at least two to three times a day.
- To remove, take same position used during insertion and pull down GENTLY on strings. Flush away used tampon.
- Remove last tampon at the end of your period.

Disposal

- Do not flush applicator in toilet.

例 10.2

卫生棉条使用说明

- 在月经间歇期，不建议使用卫生棉条。

使用卫生棉条前

- 检查置器的圆管是否有缺陷，确认其边缘的花瓣状结构已全部闭合。如果发现任何溢出情况，请勿使用。

【此处为示意图】

正确的使用方法　　　　　　错误的使用方法

- 为了便于之后取出，请拉动卫生棉条的线，确保它们已系牢固。

插入卫生棉条

- 放松——可以站着（把腿分开，膝盖微微弯曲或者一只脚踩在马桶上），或者坐着（两膝盖分开）。
- 将大拇指和中指指尖相碰形成一个环，以这种方式拿着置入器。先不要推动活塞。
- 将置入器插入阴道，往下后方倾斜，直到手指可以碰到身体。
- 用食指轻轻地推动活塞直到它和外管齐平。要尽可能地固定住圆管。
- 抽出置入器。
- 轻轻地拽着外拉线，直到感觉到轻微的阻力。现在卫生棉条已经就位，可以防止最大量的出血渗漏。

更换及取出卫生棉条

- 每天至少更换卫生棉条 2~3 次。
- 取出时，应摆好插入时的姿势，然后轻轻地拉下外拉线。把用过的棉条冲掉。

- 在月经期结束之时取出最后一个卫生棉条。

清理卫生棉条
- 请不要把置入器放在马桶里冲掉。

110　　**联邦药品管理局关于卫生棉条包装盒及说明书用语的指南**

联邦法规第 801.430 章中关于该用语的相关规定如下：

（b）有资料表明，中毒性休克综合症（TSS）这种罕见、严重且有时甚至致命的疾病和月经期女性使用卫生棉条存在关联。为了保护大众利益，将 TSS 的不利影响降到最小，卫生棉条生产商应根据本条第（c）、（d）款的规定对经期卫生棉条提供警告标识。

（c）如果生产商将本条第（d）款中规定的内容作为说明书置入包装盒内，应将以下警示声明（alert statement）标注于包装盒上，且须字迹清楚易读。注意（Attention）：卫生棉条和中毒性休克综合症（TSS）有一定关联。TSS 是一种罕见、严重且可能致命的疾病。使用者应阅读并保存包装盒内的说明书。

（d）本条所要求的消费信息应当以清楚易读的字迹标注于包装盒内的说明书或包装盒上，且应当足够明确，保证非专业人士可以理解。此信息应当包括以下声明：

（1）（i）需警惕的（warning）TSS 症状，例如突发性高烧（通常 38.8℃ 或更高）及呕吐，腹泻，站起时突然昏厥或几乎昏厥，头晕或出现像晒斑一样的皮疹；

（ii）当以上或其他 TSS 症状出现时，应采取的措施，包括：立即取出卫生棉条，以及立即就医；

（2）任何使用卫生棉条的女性都有患上 TSS 的风险……据报道，尤其是 30 岁以下的女性及青春期的少女会面临更高的风险……甚至有因患上 TSS 而面临死亡的危险。

（3）建议尽可能使用吸收性最小的卫生棉条……

（4）可以避免患上 TSS 的风险……通过不使用卫生棉条……或将卫生棉条和卫生巾交替使用……

（5）如果曾经出现过上述列举的需警惕的 TSS 症状，在再次使用卫生棉条之前应当先咨询医生……或女性关于 TSS 及卫生棉条的使用有任何疑问，应当咨询医生。

语言学分析

111

本分析将联邦食品药品管理局的规定指南和生产商的警示声明进行比较，主要涉及有关语言学的两方面内容：警示的言语行为和对于字迹清楚易读的话语要求。

警示的言语行为

毫无疑问，联邦食品药品管理局（FDA）条例第 801.430 章的意图在于要求生产商告知消费者，使用卫生棉条和中毒性休克综合症（TSS）之间存在一定关联，并且女性使用卫生棉条会遇到一定的风险（参见第 2 条）。联邦食品药品管理局并未指定这种警示标示应严格使用什么样的语言，但明确规定了应包含的信息：语言表达应当清楚易读，且措辞应当易于普通大众理解。联邦食品药品管理局也没有要求在任何标题位置标明“警告”（warning）字眼。实际上，联邦食品药品管理局确实明确地指出了有关要求（参见第 3 条），使用“注意”（attention）而非“警告”这样字眼的“警示”声明。联邦食品

药品管理局的规定回避了关于生产商应当就产品向用户进行警
告的问题，但在第4条第1、2款中，联邦食品药品管理局明
确规定卫生棉条这类产品的生产商必须就中毒性休克综合症的
症状和影响对用户提出警告。

联邦食品药品管理局使用的"警示"（alert）和"注意"
（attention）这样的字眼本身是可以引起关注的，因为这两个
词都在"警告"（warning）这个词的语义网络里，而不在潜在
的不利的或有害结果所发生的网点上：

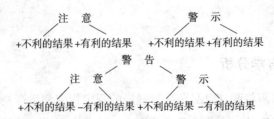

该语义网络表明人们不会就潜在的有利结果提出警告，但
可以警示别人或者提出别人是否注意所指向的另一个或有利或
不利的结果。还应该注意的是，大多数词典将"警告"定义为
类似于"注意"和"警示"的词语，而且通常用"警告"这个
词来定义"警示"，因为警告的发出者有理由相信他所警告的事
情是不符合其警告对象的最佳利益的（Searle 1969，66）。

112　　　　在由于因使用卫生棉条而感染 TSS 的女性所提起的民事诉
讼中，核心问题在于，生产商根据联邦食品药品管理局的要求
提供的警告标识和包装盒内的说明书是否真的符合上述法规中
所提到的要求。本人应本案律师的请求，对这个问题进行
解读。

本案中被告生产商辩称，它遵循了联邦食品药品管理局的
要求，将相关信息标注在说明书上，而该说明书是折叠地置于
卫生棉条的包装盒内的。这份说明书的正反两面都印上了信

息，一面是该产品的使用说明；另一面写着"关于中毒性休克综合症（TSS）的重要信息"。应当指出的是，联邦食品药品管理局在第 3 条中规定的两句话确实出现在了这份说明书中。为了方便起见，说明书的一面将被称为"警告声明"，而另一面将被称为"使用说明"。

警告声明可以按照顺序分为 9 大信息块（Halliday 1967，200）。这些信息块在文本中被方框和相隔的段落分开。以下便是这 9 大信息块：

信息块	位置、字体	与 TSS 的关联
1. 关于 TSS 的信息	标题，加方框的大字	没有
2. 请阅读并保存这份信息	副标题，全部大写	没有
3. 需警惕的 TSS 症状	标题，第 1 段，全部大写	没有
4. 如果出现症状，应取出	第 2 段，全部大写	暗示有
5. 使用卫生棉条感染 TSS 的风险	第 2 段，小写	有
6. 通过……避免风险	第 4 段，小写	有
7. 过去曾经出现过症状，看医生	第 5 段，小写	有
8. ①本信息是为了公众利益；②卫生棉条不是导致 TSS 的原因。	第 6 段，小写；第 7 段，小写	没有；脱离关联
9. 有疑问，咨询医生	第 8 段，小写	暗示有

应记住，本案中的争议点是使用卫生棉条和 TSS 之间是否有关联，以及生产商是否将这种关联让普通消费者有所了解。尽管这份说明书的目的据称是告知消费者，但是直到第 5 个信

息块才出现和危险关联的提醒。虽然，并非要求所有的信息块都包含这种关联的信息，但以上列出的顺序模式提供了一个重要的线索，即生产商明显不愿意表达这种要求。从第 1～5 信息块，用户所能知晓的包括关于 TSS 的信息，应保存这份说明书，应当在任何需警惕的症状出现时立即取出卫生棉条等，但至此没有任何信息将 TSS 和卫生棉条的使用关联起来。

113

一个基本的理解原则是，说明书的作者不应当使读者通过推断才能理解其所表达的意思（Green 1988，11）。诚然，这种关联在产品的外包装盒上标注得更加清楚，但在说明书上却没有描述清楚。但将外包装盒上的标识和从产品使用和警告说明书上所能找到的这些更加冗长，且明显更加严肃具体的信息相比，即使它具有一定的作用，人们也会对它产生疑问。如果外包装盒上明显标注了这种关联，而产品说明书上却没有相关内容，那么用户该去相信哪一个呢？就此而言，假设读者阅读了全部材料，那么读者该对哪一个更加重视呢？

从格赖斯（Grice）所提出的合作原则（1975）中关于量的准则、关系准则和方式准则这三个准则来看，说明书中警告声明的用语和设计也很糟糕。量的准则要求人们尽可能地按照所要求的那样提供所需的信息量。为了提供所需的信息量，文本的主旨应当及早且充分地提出。仅仅将所有合适的单个信息置于不同的地方是不够的。在本案中，尽管生产商坦率地提出，他们的产品说明书包含联邦食品药品管理局条例中要求的所有信息，但是他们忽视了信息量。以这样的方式展示信息，读者并不能真正理解，而且在被告知之前，读者使自己保持获取信息的忍耐力将受到严重的损害。为此，至少在西方社会，好的交流者会努力将他们所提供信息的主旨尽早地展示出来，告诉读者他们所要说的内容，从一开始就提出要点。他们是不会把主旨放在第 5 个信息块的。

关系准则要求信息应具有相关性。相关性可以从两方面来理解。例如，相关性对于作者和对于读者来说会有很大差异。每一个关系者都有不同的世界知识、经历、意图和目标。如果作者想要充分告知他们的读者，就应该从读者的视角来写文章（Bell 1991）。为了达到有效、合作的目的，作者应该通篇都清楚地表达自己的观点，而不应该淡入淡出，或期待读者会对他们所给的广泛分布的信息进行必要的联系。

关系准则还涉及到新旧信息默契原则（Clark and Haviland 1977）。这个原则讲的是，存在旧的（已知的）和新的（未知的）两种信息。好的作者会努力使其写作的内容和他们自己对于读者的心理层面和世界知识的了解相一致。当作者了解到读者的知识和他们自己的知识并不一致时，他们会避免让自己所给出的信息中包含一些需要读者推断出意思的预设。他们会从旧信息开始，而不是从新信息开始。然而，除了第 7 信息块可能不是新信息外，这里的其他 8 大块信息都是新信息。产品说明书的内容是从未知事物的影响开始的，而不是已知事物。也许造成危险的原因可能会引起读者的注意，但该原因的影响却是无序的，而且没有涉及一些人们熟知的旧信息。

方式准则要求信息必须明确而毫不含糊。为了避免信息模糊，作者是不会让读者就其所给的信息去进行联系的，而会把一事物与另一事物的关联明确地表达出来，而不是暗示出来。模糊性并不局限于语言的词汇层面，它还出现在观点的组织方式上，在本案中即各段落。如果作者说了 X，然后说了 Y，然后指望读者将 X 和 Y 联系起来，这是不应该的。那么更加妥当的做法是，作者应该为读者把这些联系明确出来，而不是指望他们去推断出其中的关联。

114

卫生棉条的使用和 TSS 之间的明确联系在第 5 信息块中展现出来，但在读到这一点之前，一些读者可能就不读了，而且可能觉得继续去了解和他们的生活尚未有关联的一种疾病是没有什么意义的。但是，即使有些用户确实读下去了，他们也会在读到第 8 块信息时感到安全，因为第 8 块信息俨然一个免责声明，它指出联邦食品药品管理局尚未能够在 TSS 和卫生棉条的使用之间建立任何联系。读者也许会对此感到奇怪，因为他们通过第 5 块信息了解到这两者之间确实是存在关联的。即使第 8 块第②条信息是正确的，这个免责声明也分散了第 5 块信息所能产生的警告作用。

尽管联邦食品药品管理局条例没有要求严格使用"警告"二字，但第 801.430 章中所使用的措词在本质上是接近于"警告"的。联邦食品药品管理局使用了"警示"这个词，意味着用户应当留心、警惕或做好准备。一个警告会告诉读者，如果遵循一定的做法，可能会产生不利的结果。"警示"很无力地告诉读者，这种不符合他们最佳利益的不利结果，可能或者将会发生。

一场行将发生的危险事故的紧迫性强有力地表明，所使用的语言更应当直截了当，而非间接地兜圈子。同时也说明，在此情况下，最有用的是直接就该危险提出警告，而不是就该危险的成因提出警告。在审判过程中，本人举例阐明了语言直接具体的重要性，所使用的例子就是，按照本案中卫生棉条生产商提供的说明书，铁路交叉标志警告语或许应该这样写：

1. 关于事故的重要信息。
2. 请阅读本标志。
3. 人们可能会被火车撞到。如果您在铁轨上看到火车行

　　驶过来，请加速开车以逃离危险。

4. 或者请事先停下，以避免被火车撞到。

5. 危险！

6. 可以通过停下、看和听来避免危险。

7. 如果您被火车撞了，请寻求医疗救助。

8. 火车不是造成事故的唯一原因。

9. 如果您有任何疑问，请致电全国铁路乘客公司（Amtrak）。

　　这样的一个警告标志是很荒唐的。第 5、6 信息块是该警告语中最重要的部分，而它们却被嵌入文本当中。同样，Amtrak 可以说他们已经向驾驶员和行人提出了充分的警告和建议。然而现在的问题并不是他们是否得到了警告，而在于该警告是在哪里以及是如何向他们发出的。从某种角度来说，和卫生棉条使用的警告语相比，这个虚构的 Amtrak 警告语确实更好一些，因为它使用了"危险"这个词。和卫生棉条生产商所使用的"对于所有处于月经期的女性来说，使用卫生棉条都会存在风险。TSS 是一种罕见却很严重而且可能导致死亡的疾病"这句话相比，"危险"这个词作为警告来说更加具有表述行为的作用。对于本案中生产商所使用的这两句话，用户阅读时不得不去推断它们之间的联系，因为这种联系在文本中并未明确地表达出来。

　　当然，卫生棉条使用说明书也包含了警告的内容，但这其中更多的是关于 TSS 本身，而不是关于 TSS 和卫生棉条的使用之间的关联。其中有 5 条明确的警告和 1 条含蓄的警告是关于 TSS 的，有 3 条明确的表述和 2 条含蓄的关于 TSS 和卫生棉条的使用之间关联的表述。事实上，这三条最清楚的关于卫生棉条的使用和 TSS 之间关联的表述据称同时也是关于 TSS 的警告，这就削弱了这种关联所能产生的作用。

字迹清楚易读

字迹清晰是有关文档排版的一个值得注意的方面，而文档排版是由文档的用途来决定的（Felker 1980）。因此，信息的排序由其用途决定，而所使用的语言和文档的排版（空格、着重号等）则服务于信息排序和用途（Felker et al. 1981）。

在庭审中，为了展示卫生棉条使用说明书是如何排版的，本人将其警告声明（正面）和使用说明（反面）就其可理解性、话语顺序和形象化文档排版做了比较。

读写研究领域长久以来一直都关注可理解性。这些年来，人们发明了各种各样的可读性测试，用来衡量一个文本的可理解性。很多像弗莱士可读性测试（Flesch Test of Readability）这样的测试公式更多地把测试中心放在短词和短句上，而非放在长词和长句上，这在很大程度上忽略了可读性的其他重要方面，比如句法深度、句子间联系和名词的抽象性或具体性。不过，用较简单的传统的可读性测试方法测试后发现，说明书中使用说明的语言明显比警告声明的语言更具可读性：

	使用说明	警告声明
所用词汇数量	180	286
所用句子数量	19	15
每句话平均包含的词汇数量	9.4	19.0
句法：		
从属分句	3	5
动词性复合词	1	5

一般认为，在阅读理解方面，大约有一半的美国读者不能有效地理解含有 13 个词以上的句子。假设这个数字是准确的，那么为了使说明书中的警告声明尽可能地具有可读性，一个对传达有关危险的信息足够重视的生产商会把句子的词汇数量减到 13 个以下。事实上，本案说明书中使用说明的句子用词很好地达到了这个标准，表明该生产商的说明书作者是有足够能力来识别并遵循这一标准的，但在警告说明部分，他们并没有这么做。

对这两部分内容中信息排序进行比较，结果同样有足够的说服力。使用说明中的内容很有逻辑性，其信息是按照时间顺序来排列的。这部分内容中的各标题从使用前（"使用卫生棉条前"），到使用中（"插入卫生棉条"），再到使用后（"更换及取出卫生棉条"）和使用结束（"清理卫生棉条"）。这些使用说明完全遵循了用户接触产品所经历的顺序，这一顺序是一个符合规定的用户设计格式。

与此相反，在时间顺序方面，警告说明部分显得相当混乱，如下所示：

时　间	文本内容
存在的	需警惕的 TSS 症状
将来	如出现症状，请取出卫生棉条
将来	使用卫生棉条感染 TSS 的风险
过去/将来	如果曾经出现过症状，请看医生
现在	本信息是为了公众利益
存在的	卫生棉条未被证实是导致 TSS 的原因
将来	如有疑问，请咨询医生

117　　　就排版而言，该说明书正反两面信息的效果存在相当大的差异。警告声明塞满了文字，而使用说明用了很多强调性的项目符号来突出同一层级的信息点，两者在这方面形成了鲜明的对比。警告声明中没有项目符号。使用说明包含三个简单但有效且有说明作用的插图，而警告声明没有任何插图。使用说明中用副标题来标注内容的组织，以方便读者理解信息，然而在警告声明中只有一个副标题，出现在了文本的开头，但开头却是最不需要副标题的地方。而且，既然设置了一个副标题，就应该在接下来的内容中继续设置副标题，但在警告声明中却没有这样做。最后，警告声明中包含了连续 12 行全部由大写字母组成的句子，这本身就产生了一定的可读性问题，因为读者们并不习惯于阅读全部由大写字母组成的文本，他们会觉得这样的文本很难理解，具体分析如下：

	使用说明	警告声明
文本行数	47	58
整行（从页面的一边到另一边）	22	50
整行所占比例	47%	86%
项目符号	13	0
插图	3	0
副标题	4	1
连续全部大写行数	1.5	12

　　如果使用说明中也存在和警告声明一样的问题，那么也许有人会把警告声明的文档排版缺陷视为疏忽所致，但是使用说明中并不存在上述问题。

　　通过这个案子，可以突出警告语的言语行为，并表明和产品使用说明相比，产品的警告声明中的话语是如何显露出其弊病的。可见，比较方法是一种最古老也最有效的科学研究方法。

庭审时，在对本人的交叉询问中，被告律师数次提及警告声明中已经使用了联邦法规所要求的确切词汇这一点。而在每一次的回答中，本人都能反复论述我证词中的主要观点。最后，他问本人能不能把警告声明重写一遍，达到本人所提到的要求。对此，本人再一次指出，尽管该说明书使用了联邦法规中规定的词汇，但它组织的方式使普通消费者在理解时会遇到很大的困难。本人还指出，将警告声明重新写一遍以使其内容清楚有效这个任务并不是在证人席上这段时间内所能轻易完成的，于是本人礼貌地拒绝了他的请求。无论如何，这也不应该让专家证人来做，所以利用回答这个问题的机会，本人又概述了一下证词，并就接下来该如何补救当前情形提供了一个简单的提纲。

若仅仅利用生产商所提供的信息块，本人建议第一步应该重新组织它们。例如，标题应该根据联邦食品药品管理局所要求的那样，包含就卫生棉条的使用和 TSS 之间关联提出警告的词汇。建议把第 5 信息块使用卫生棉条面临的风险放到开头第一段，紧接着是第 6 信息块，即如何避免这些风险。在这下面，可以是第 3 信息块，即需警惕的 TSS 症状，再接下来是第 4、7 信息块，即提醒用户发现这些症状时该怎么做。原警告声明中的其他部分并不需要，而且，从某种意义来说，这些内容对于警告的基本概念确实是起反作用的。对于文档的话语结构，建议用常见的更具有可读性的方式代替那连续 12 行由大写字母组成的句子。再者，可以使用更多的空格和着重号，降低句子的长度和复杂性。这便是本人提出的修改警告声明的建议。

118

第十一章 驾驶舱里的有毒气体

全民保险公司诉盖瑞公司

(*Pro Form and National Insurance Company v. The Garret Corporation*)*

1980 年，一家小型的里尔喷射式飞机（Lear jet）试图在强雷暴天气降落在路易斯安娜时，飞行员和 4 位乘客全部死亡。事故发生后不久，保险公司对死者家属进行了理赔，同时美国联邦航空局（U. S. Federal Aviation Agency）出示了事故报告，指出事故原因在于飞行员的失误。对该报告所提出的事故原因，保险公司一直存有不满，尽管对飞机残骸的检验并不能找到其他可能导致灾害发生的原因。而保险公司自己提出的一个理论是，既然飞机是偏出航线坠落的，那么飞机引擎必然发生了故障，导致一种叫做三羟甲基丙烷磷酸盐（TMPP）的物质渗入了机舱，而这种物质是一种毒气。因此，他们认为，

---

* 案件卷宗号：No. 81L4156，No. 81L4209，Consolidated 伊利诺伊州芝加哥库克县地区法院（Circuit Court of Cook County，Chicago，Illinois）比较详细的案件版本发表在"区别飞行员责任和产品责任中的语言证据"译文中，载于《语言社会学国际杂志》100/101（1993）：101～114. ［A less detailed version of this case was published as "Language evidence in distinguishing pilot error from product liability" in the *International Journal of the Sociology of Language* 100/101 (1993)：101～114.］

飞行员的判断和行为都受到影响，这才导致他偏离航线坠机。他们的说法很明显是基于这样一个事实，即 TMPP 是一种对中脑缘的氨基丁酸（GABA）产生抑制作用的双环磷酸酯（bicy-clophosphate）。鉴于 GABA 受到抑制出现在像亨廷顿病（Huntington's Disease）那种疾病的病理中，对语言能力产生相当严重的影响，原告提出这种物质对于飞行员的行为有同样严重的影响。然而，问题是，残骸中找不到任何物证能够表明 TMPP 渗入了机舱。简而言之，保险公司的观点是坠机事故并不是由人为失误引起的，因而此案更准确地说是一起产品责任案件。

　　既然在残骸中无法找到关于飞机引擎或结构存在故障的证据，那么引擎制造商盖瑞公司的律师们所面临的难题是，针对某个理论而非某个物证进行辩解，这是一项非同寻常的任务。他们总结认为，关于是否有 TMPP 渗入驾驶舱的仅存证据也许可以从飞行员当时所说的话里找到，那段话录制在了用于记录从密尔沃基（Milwaukee）飞往新奥尔良（New Orleans）这次航行过程中飞行员与控制塔之间对话的空对地通讯录音带上。对他们而言，飞行员的声音听上去相当正常，这表明他并未受到任何像 TMPP 这样的外部物质的影响。为了对双方的疑问进行验证或驳斥，他们请本人对录音带上的信息进行分析。录音带上的对话断断续续，跨越了大约 4 个小时，从飞行员在密尔沃基尚未起飞时开始，而后随着他经过很多地区，和芝加哥（Chicago）、堪萨斯城（Kansas City）以及孟菲斯（Memphis）的当地控制塔进行了联系，最后当他接近新奥尔良的目的地时，发生了坠机事故。

　　对该空对地通讯进行语言学分析时遇到的一个严重的问题是，我们对于 TMPP 对大型生物的影响几乎一无所知，更不用

120

说去研究它对于人类所产生的影响了。我在联机医学文献分析和检索系统（Medline）和毒理学文献数据库（Toxline）上进行了搜索，发现实验研究并未涉及 TMPP 对拥有脑干动物的影响。已有的研究仅仅表明，大剂量的 TMPP 会对老鼠和兔子产生影响，导致它们做出不稳定的行为。若要找到能够支持保险公司说法的证据，那么该证据必须能够证明吸入 TMPP 会影响小脑、脑干中的运动元路径、基底神经节或者大脑皮层的倒金字塔结构。如果 TMPP 影响到的是大脑皮层上的其他地方，就不会产生语言方面的影响，或者说不会导致更多表现为失语症的语言障碍。从现有的知识和研究来看，关于飞行过程中可能发生的飞行员语言障碍这一问题是得不到解答的。毕竟，这只是一种理论。

就这一点来说，我们没有任何证据表明飞行员吸入了TMPP，甚至 TMPP 是否存在也无法得到证实。即使飞行员确实吸入了 TMPP，也无法得知他的语言能力是否受到了影响，因为人的大脑判断是否会被语言生成独立的影响还是未知的。那些认为语言能力首先受到影响的人仅仅是根据推测而已。另一方面，那些坚持人的大脑判断独立于语言这一模块化观点的人也没有任何研究可以支持他们的立场。本人和几位神经语言学家讨论了这个问题，他们坚信，这个模块化理论是错误的，摄入毒品、酒精以及外部的有毒或半有毒的物质确实会首先影响到语言能力，这与大脑判断受到的其他影响是无关的。

因此，法庭审理就归结为，原告没有物证能够证明是 TMPP 导致了这次事故，而被告也没有研究性的证据表明 TMPP 对于人类可能产生怎样的影响。辩护律师和我都认为，如果原告可以通过推测来提出他们的理由，那么辩方也可以这样做。那么法律上的问题就是，哪一方的说法会令陪审团更加信服。

资料

以下的分析展示了大部分真实的语言信息，但重现航行过程中飞行员和控制塔之间的所有对话在这里是不切实际的。第一个 18 分钟长的片段开始于飞机还在密尔沃基的地面上时，并在起飞过程中一直持续着。此后，无线电频道便沉寂了，等到飞机被芝加哥、康萨斯城和孟菲斯的控制塔监测到，便有了第二个片段。这个片段大概有 8 分钟，但所包含的对话很少。第三个片段是在飞机接近目的地时开始的，是和新奥尔良的控制塔之间进行的对话，总共大概有 27 分钟。

本人认为一个合理的假设是，如果飞行员使用的语言有任何实质的变化，那么对于航行开始时段、中间时段和结束时段飞行员所使用语言的比较可以为这样的变化提供一些证据。原告的观点是，TMPP 在飞行过程中的某个时间便开始向机舱渗漏，这样就可以把最开始的对话片段里的语言用作对照标准，这样一来，在接下来的对话片段中，如果有任何语言上的变化，则可以通过比较显示出来。

语言学分析

通过上述三个片段的对话，本人对飞行员的句法和词频、言语行为、停顿词、发音和在合作性会话中的参与度进行了分析。

句法

如果一个人的语言受到诸如某种气体或酒精的外部物质的影响，那么从他说话的句法中可以预知到一些异常。句法受到程式化的语言期待的影响（Brown and Yule 1983）。因此，特定的话题、参与者和场景会通过可接受的实践标准来影响语言结构。医学、法学及其他语境都会创造出可接受的标准，而飞机空对地的交流同样也有其特定方式的对话语言。

122　　　因而，第一步便是对一些其他空对地交流进行分析，目的是确定这种语境下的正常标准，从而把一些可能不正常的语言区分出来。结果表明这样的对话交流并不特别复杂，它包含了强制性的对话信息的片段和可选性的对话信息的片段，和标准的英语语法很像。其中，可有可无的信息片段取决于受空对地对话实践支配的情形。为了能向陪审员讲清楚这一点，我决定采取已经相当过时的句法时段填空的方法，以这样一种形象的方法让陪审员较为容易地跟上我的思路。

在空对地的对话交流中，这种时段填空式的结构包括了对于控制塔所传达信息的可选择的认可，以及随后而来的选择性的自我认同，而后飞行员可能会选择结束或继续说出规定信息的主语和谓语，这些会组合成各种各样的复合句，最后他会选择性地以一个结尾词来结束对话。

看上去这些时段也许都可以被视为是强制性的，但是实际空对地交流的研究表明，它们是极其多变的。直观地看，这个体系看似下列的 5 个例子：

是否认可	是否自我认同	是否有结尾词	有主语	有谓语（可重复）	是否有结尾词
1. 好的	三菱 727		我们	重新添加了燃料并且准备起飞	
2. 收到	三菱 727	通话完毕			通话完毕
3.			5000	（明白目前高度）	通话完毕

续表

是否认可	是否自我认同	是否有结尾词	有主语	有谓语（可重复）	是否有结尾词
4. 收到	三菱 727		我们要	到达 5000 米	
5. 明白			5000	（明白目前高度）	

利用这个线型句法程式，本人检验了飞行员在密尔沃基飞机起飞之初，途径芝加哥、堪萨斯城和孟菲斯的漫长飞行途中以及到了新奥尔良飞行即将结束这三个时段中的所有话语。把这三个飞行时段中话语的句法结构一一比较，并没有发现什么区别，也没有什么异常，因此也无法证明可能有诸如有毒的烟雾、气体或微粒等物质对飞行员产生的外部影响。并且，本人也没有发现任何不合语法的结构以及不寻常的时段逆转。甚至主语未言明，但双方都"明白"的句子在飞行开始时段（9句话中有3句）、中间时段（13句话中有10句）和结束时段（9句话中有2句）都是相对类似的。

或许可以假定，在如烟雾、气体和微粒等外部物质的影响下，飞行员说出更多复合结构句子的能力会下降。但从飞行员的话语中看不到有该种影响的迹象。

飞行员使用的并列复合句所占比例

开始时段	中间时段	结束时段
16%	6%	13%

也许，检验句法的最简单的要素是每句话所使用的词汇数量，即词频。可以假设，一个受到诸如有毒烟雾、气体或微粒等外部物质影响的飞行员可能会在相当大的程度上在每句话里

使用更少的词汇，这样就可以说明认知障碍的存在。但是，飞行员在这三个飞行时段中所说的话里，每句话的词频并没有明显地减少，具体分析如下：

	话语数量	词汇数量	平均每句话所含词数
开始时段	18	162	9.00
中间时段	19	157	8.27
结束时段	16	124	7.75

之所以在开始时段会出现较高的词频，是因为飞行员在开始向跑道滑行之前跟控制塔交流时说的一句话中包含了 36 个词。

言语行为

一些语言学家认为人际交流的基本单位不是声音、词汇或句子，而是由表现言外行为时的话语生成（Searle 1969）。和对词汇、从句或句子的结构形式运用传统方法进行分析相比，将言语行为作为一个衡量单位来分析语言能够提供传统分析所涉及不到的语言侧面。尽管确定说话者的确切意图从来都是不可能的，但是言语行为为研究这种意图提供了强有力的线索。

飞行员使用了 9 种不同的言语行为，包括一些可被认为是更加公式化（客套）的，比如问候语和结束语。其他的则更多是认知投入而非社会应酬的证据。诸如飞行高度的位置或飞行航线这样的事实汇报是相当程式化的。未能向地面控制中心汇报事实，可以视为可能缺乏认知投入的证据，甚至可以被解读为是外部物质渗入驾驶舱的结果。然而，在飞行员使用的 9 种言语行为中，从飞行开始到飞行结束都没有出现实质性的变化：

言语行为	开始时段	中间时段	结束时段
报告事实	4	9	7
接受联络	1	1	1
回答问题	1	0	1
重复信息	1	0	0
接受指示	12	4	7
请求信息	1	2	1
致 谢	1	0	0
结束对话	3	4	2
纠正别人	0	0	1
总 计	24	20	20

　　飞行员对于地面控制中心关于其位置的假设进行纠正的能力似乎强有力地表明了即使在航行结束阶段飞机坠落之前几秒钟，飞行员都没有认知投入的障碍。

停顿词

　　几乎每个人在说话时都会使用"哦"、"呃"、"嗯"等停顿词。它们没有词法上的意义，但可以用来填补沉默，保持说话的节奏，或是给自己时间来想起某个已经形成的词语或观点。这样一来，它们传达的是社交或互动的意思。关于它们，重要的一点是，它们必须用在话语中合适的点上，比如在话语开始时第一个语义词说出之前，在从句或短语之间，或是在因为某原因难以想起或难以说出的词前面。它们更常用于复合句的话语中，而很少用于短句或程式化的话语中。

　　通过检查飞行员话语中的停顿词，要回答两个问题。其一，他是否在一个时段里比起其他时段使用了更多的停顿词？

125

其二，如果他这样做了，是否可以表明他在思考自己想说的内容方面存在困难，从而作为一条可能的线索来证明持续增加的认知失调？然而，任何这样的结论都应该和他所参与的活动联系在一起考虑。当飞行员的注意力集中在设备控制问题等内部事情或天气干扰等外部事情时，他们可能会使用更多的停顿词。下面便是飞行员在三个飞行时段中所使用停顿词的展示图表：

时　段	词汇总数	停顿词总数	比　例
开　始	162	7	1：27.0
中　间	157	5	1：31.4
结　束	124	3	1：41.3

很明显，这些比例都是接近的，尽管在飞行结束时段飞行员不得不忙于应付持续恶劣的天气和地面控制中心难以识别他身份所带来的问题。

本人还想分析一下飞行员所使用的两种不同的停顿词：试图引起注意的词语和对于接下来要说什么不确定的词语。如果停顿词能够展示出持续增加的不确定，那么也许可以表明飞行员逐渐遭受到认知障碍。但是，结果不能提供此项证据：

时　段	引起注意的词	表示不确定的词
开　始	2	5
中　间	3	0
结　束	5	0

所有表示不确定的词都出现在飞行的开始时段，主要是在飞机开始向跑道滑行之前。因为飞行员不确定他的目的地是新

奥尔良的哪一个机场。他还开始重复说"哦"来回答控制塔
的指示。同样有意思的是，飞行员所说的"嘿，听我说"这
样的停顿词全部出现在飞行的结束时段，我们会在之后的内容
中讨论这个话题。如果飞行员逐渐受到了诸如有毒烟雾、气体
或微粒等外部物质的影响，那么他尤其应该增加使用表示不确
定的停顿词，因为这才可能表明他认知上的迷惑或基本思维过
程的减少，但从飞行员的话语中找不到这样的证据。

发音

　　尽管有毒物质对于人类语音输出的影响是未知的，但我们
可以假设它们也许是有一定影响的，或许和酒精对于人类语言
输出的影响类似。过量的酒精摄入会使说话者增加使用某种摩
擦音，尤其是"s"和"z"的音，这两个音涉及舌部肌肉向
口前部位的细微运动。在试图发出"sh"、"ks"、"ts"和
"th"这些音时同样也会涉及此问题。当说话者摄入了大量的
酒精时，他的舌头会越来越难发出这些带有细微差别的音，说
话时便会发音含糊。我检查了以下这些音：

s	z	sh	浊音 th	清音 th	ks	ts
Houston	zero	Mitsubishi	the	three	taxi	Mitsubishi
six	Kansas		that's	think	expect	its
Moisant	is		they	thousand	six	
see			that			
Kansas						
seventy						
that's						

续表

s	z	sh	浊音 th	清音 th	ks	ts
frequency						
Memphis						
city						
Mitsubishi						

然后，我按照三个飞行时段把每一个发音都分了类：

127

	s	z	sh	浊音 th	清音 th	ks	ts
开　始	17	9	3	3	2	14	3
中　间	20	6	6	3	2	13	7
结　束	11	9	9	0	1	18	8
总　计	48	24	18	6	5	45	18

该飞行员很饱满地发出了这些音，而且发音标准、毫不含糊。从飞行开始直到结束，他发这些音的能力都没有下降过。因此，不能从语音学上证实有外部物质影响该飞行员话语能力的假设。

会话合作

正常情况下，会话不会包含一连串不连贯的言辞。谈话的特征在于努力与别人合作，而且每一个参与者都会在某种程度上认可一个共同的目的或一组目的。否则，我们就不可能拥有有意义的会话了。

"合作原则"（Grice 1975）包含四个准则，概述如下：

1. 量的准则：所说的话应该满足交际所需的信息量，不要多，也不要少。

2. 关系准则：所说的话应该和话题直接相关，要有关联。

3. 质的准则：不要说自知是虚假的话。

4. 方式准则：避免晦涩和歧义，要井井有条。

我们可以将这些准则作为检验该飞行员和不同控制塔之间交流的标准。如果飞行员吸入了诸如有毒烟雾、气体、微粒或酒精等外部物质，那么我们可以预料到这会降低他参与会话合作的能力。他的话语会缺乏信息量、相关性、真实性以及清晰度。

没有明显的证据能够表明该飞行员进行合作会话的能力有所降低。或许只有一个航空运输方面的专家才能证实飞行员所有话语的信息量是否都比其本该具备的要少，不过录音带没有记录到任何地面控制人员对于该飞行员说话提供信息度不足的抱怨。录音中也没有内容能够暗示各控制塔在交流过程中因为该飞行员说话不相关、不真实或不清楚而感到不舒服。听者的反应是对合作性交流语言很好的测试。整个飞行过程中，地面控制中心对该飞行员关于其飞行准备、目的地、方向和高度的报告都觉得是相关的、有信息量的、真实的和清楚的。

飞行接近结束之时，飞行员通过无线电向新奥尔良的当地控制塔说："我们正在接近降落点"。无线电检测到一架代号为希克斯—高尔夫—霍特尔（Six Golf Hotel）的飞机就在本案中这位飞行员前方不远处，而那架飞机的飞行员刚刚因为暴雨而请求放弃降落。有可能是地面控制中心把本案飞行员的代号为麦克—阿尔法（Mike Alfa）的飞机和另外一架代号高尔夫—希克斯（Golf Six）的飞机混淆了。对于我们这位飞行员"我们正在接近降落点"这句话，地面控制中心问道："Six

128

Golf Hotel，你们现在正在接近吗?"而麦克—阿尔法回答说："不。我是三菱 974 麦克—阿尔法，我们正在接近降落点。"随后，地面控制中心向麦克－阿尔法飞行员提供了天气报告，并且要求他在经过阿尔戈（Alger）时向控制塔汇报，尽管他早就报告说正在接近降落点。阿尔戈是在接近降落时的一个特定的检查点。接下来发生了什么很难知晓。麦克－阿尔法对控制塔的回复是："好的，麦克－阿尔法"，而后就再也听不到他的声音了。地面控制中心本来应该引导飞机安全降落，却从一开始就错误识别了本案的飞行员，使其心生困惑，而后又要求飞行员汇报他已经飞过了的检查点，这使飞行员感到了寻求控制塔的帮助只是徒劳。或许他自己试图掌控一切，或者他太忙于和自然环境作斗争，而无暇去弄清楚所有这些会话的意思。有一点是确定的，当他的飞机坠落到庞恰特雷恩湖（Lake Pontchartrain）岸边时，已经远远地偏离了航线，而机上的所有人都不幸遇难。此外，关于语言学有一点也是清楚的，如果说飞行员感到混淆或迷惑，那么地面控制中心看上去甚至会更加困惑。事实上，是飞行员纠正了控制塔对于自己的错误识别，这很难证明飞行员当时有认知障碍。

正常来看，诸如混淆和迷惑等认知障碍首先会表现在人的语言中。大多数心理学家都会把一个人的语言用作几乎所有特性的证据。同样地，事实上所有教育者所使用的认知测评方法都是基于语言而发现的，而且神经科学家会将病人的语言用于他们的诊断和研究实验。本案也表明，联机医学文献分析和检索系统和毒理学文献数据库上的信息以及神经学家的面谈数据对于语言学研究会有很大帮助。

如果有任何证据能够表明三菱 962 麦克－阿尔法的飞行员存在思维过程减退的迹象，那么应该很明显地表现在他的语言

里。对其话语的句法、言语行为、停顿词、发音和会话合作度
的研究没有发现其语言在飞行开始至结束时段有任何实质性的　129
变化。于是本人总结认为，没有证据表明他的语言能力受到了
诸如气体、有毒烟雾或者微粒等外部物质的影响。原告认为有
TMPP 从故障引擎渗出并被驾驶员吸入的说法不能成立。但
是，存在的问题依然无法得到回答，那就是飞行员的人为失误
是否是坠机事故的真正原因。本案最后的结论只是飞机引擎看
上去并没有排放出有毒物质，或者即使引擎排放了有毒物质，
从飞行员说话的方式上也找不到这方面的证据。

第四部分
版权侵权

美国宪法明确承认发明家和作家的权利，20世纪美国在对版权法的修改方面进行了两次大的努力：第一次是在1909年，第二次是在1976年。尽管美国的版权法并不简明、完整或精确，但有一点是明确的：版权并不总是包括对于某一想法、概念、原理、发现、程序、步骤、体系或操作方法的保护，虽然其中有些是会受到专利保护的。新闻和事实都是不受保护的，后者引起了很多难题，因为对于事实的编辑根据事实选择和整理方式可能会成为创造性和原创性的作品。在某些情况下，人们可以不经允许而使用别人的想法，而且属于合理使用的范畴。考虑到使用的程度、使用的目的和特征、受版权保护的作品的性质以及使用对于受版权保护作品的潜在市场所产生的影响，合理使用是一个有点含糊且未详细说明的合理原则。莱斯格（Lessig 2004）提出当前版权实践的混乱状态更加有利于巨头公司的利益，而不是有利于创新。大多数版权案件都涉及比例、真实价值、原创性和实质相似等法律概念。

由剽窃别人的作品而产生的争议涉及两个问题：一是剽窃量；二是所剽窃内容相对于原作品所占的剽窃比例。剽窃量和剽窃比例是两个概念。例如，尽管被剽窃内容比原作品要少很多，就词汇或句子来说只占原作品的区区 5%，但这 5% 的内容也许会包含原作品中 50% 的观点或其他要素。虽然在这种剽窃量的计算上有一个固定的逻辑，但却没有固定的规则准确地说明剽窃多少才能达到构成侵犯版权的比例。

132 关于版权侵权的索赔也更多地停留在对剽窃的实质性的主观判断。那么问题则变成，剽窃量究竟有多么重要或重大，以及剽窃者是否在其作品中增加了原作品中所没有的实质性独创内容。在考虑这些问题时，法庭确实会遇到很多困难。

原创性这一概念的定义同样很模糊：原创须有一定程度的创新，即使是最低限度的量。那么，当然，我们需要了解如何评估"创新"以及"最低限度的"究竟是什么意思。通常，大多数短语并没有被纳入版权保护的范畴。

大多数版权侵权案件的判定是以次级（剽窃者的）作品和高级（原创的）作品之间的实质相似为基础的。对这两者的整体，包括可保护和不可保护的内容进行比较，可以发现它们之间存在的实质相似度，尤其当次级使用者不仅剽窃高级作品中的观点，而且剽窃作品中包含的"观点的表述"时，这种区分就显得特别有意义。

对于侵犯版权所引起的纠纷，语言学分析的主要作用在于帮助构建"实质相似"，以及定义"观点的表述"。

对语言学家有参考价值的关于版权的文献如下：

Gorman, Robert A. 1963. Copyright protection for the collection and representation of facts, *Harvard Law Review* 76: 1569 – 1605.

Johnston, Donald F. 1978. *Copyright Handbook.* New York: R. R. Bowker.

Lessig, Lawrence. 2004. *Free Culture: How Big Media Uses Technology and the Law to Lock down Culture and Control Creativity.* New York: Penguin.

Nimmer, Melville B., and D. Nimmer. 2000. *Nimmer on Copyright.* New York: Matthew Bender.

Strong, William S. 1999. *The Copyright Book: A Practical Guide.* 5th ed. Cambridge: MIT Press.

133 第十二章 书变成手册

圣马丁出版社和罗伯特·西科斯基诉

维克斯石油公司

(*St. Martin's Press and Robert Sikorsky v.*

Vickers Petroleum Corporation)*

1978 年，圣马丁出版社（St. Martin's Press）出版了一本由罗伯特·西科斯基（Robert Sikor sky）创作的书，书名叫《如何用每加仑的汽油行驶更多的里程》（*How to Get More Miles per Gallon*）。那时，美国刚刚经历了严重的汽油短缺，因此驾驶员们都在精明地学习节省每英里的耗油量。这本 111 页的平装书共有 182 段，几乎每一段都包含一个小建议，告诉读者如何消耗更少的汽油，从而节省更多的钱。就在这本书出版后不久，作为一个新的促销和广告计划的一部分，维克斯石油公司（Vickers Oil）制作并向较广的人群分发了一个叫做《节省汽油很简单》（Savin' Gas Is Easy）的单页折叠式小册子。这个小册子包含了 55 个关于"从每加仑的汽油中节省出一点钱的简单方法"的小建议。西科斯基和圣马丁出版社的代理律师们

---

* 案件卷宗号：No. Civ‑80‑1198‑BT. 俄克拉荷马城，俄克拉荷马西区，联邦地区法院（U. S. District Court, Western District of Oklahoma, Oklahoma City）。

认为维克斯公司的小册子剽窃了他们的书，因而侵犯了他们的版权。因此，他们准备对维克斯公司提起版权侵犯的诉讼。

构成版权侵犯诉讼的两个条件在这里似乎都有了。西科斯基对他的书享有著作权，而该书的广泛销售显然表明维克斯公司很轻松地便可以有机会得到它。事实上，在书面陈述中，小册子的作者承认他参考了这本书，但他认为他只是合理使用。那么问题就在于，这个小册子和西科斯基的书这两者之间的内容表述是否存在实质相似性。在原告的起诉书中，西科斯基的律师引用了很多具体的段落作为证据，宣称该书遭到了公然的剽窃。而后，他们联系到本人，请求本人用各种可能的语言学方法对小册子和原书进行比较分析，以支持他们的诉讼请求。

资料

134

由于这本书多达111页，在这里不可能涉及它的全部文本内容。以下分析将从原书和小册子中引用一些足以支持构成侵犯版权的内容。正如前面提到的，想法和事实不会成为讨论的话题，因为它们都不在版权侵权的范围之内。为了反驳维克斯关于合理使用的说法，西科斯基必须足以证明维克斯制作的小册子就其内容而言并没有足够的原创性，从而使其避免版权侵权的指控。很明显，这本书比小册子的篇幅长很多，所以要考虑原告所指控的剽窃比例，以及与表述程度相关的一些问题，这可能会有利于小册子而不利于先前出版的那本书。

语言学分析

评估是否构成侵犯版权的一种方法是检查两种文件之间相似或不同的三个方面：一是次级文件中使用到的而在高级文件中已存在的相似内容的量；二是各自内容的数量比例；三是两

者中都存在的相似表述。

不同的内容

维克斯公司的小册子很明显是比西科斯基的书要短得多。后者包含了很多插图、阐述、类比、技术信息、图表和曲线图等，这些是简短的小册子所没有的。就其本身而言，这似乎表明几乎或完全没有侵犯到版权。

内容的数量比例

比例的方法证明了小册子中所含有的 55 个小建议，在先前出版的书中都有。这似乎可以充分证明版权侵权是的确存在的。

135 观点表述方式的相似度

为了验证两个文本的语言表述要素是否相似，首先有必要描述可能会有用的分析单位。语言学分析主要包括对发声、前缀和后缀、词汇、短语、分句、整句、言语行为和话语结构的分析。从常用的发声（或在表音法上字母所代表的声音）这一层次上来证明侵权是很困难的，因为这些特征的细目很微小，而且这些声音或字母在两个文本中频繁地重复着。这对于前缀和后缀也是一样。词汇和词素就其本身而言通常不是能够证明侵权的最有用的要素，除非把它们放在诸如短语、分句或整句这些更大的语境中来研究。相反，词汇或词素的替换是很容易诊断出来的。可能更有用的语言学单位是句法、言语行为和话语结构。

将两者的文本内容所使用的表述进行比较，有利于检查出维克斯公司是如何对西科斯基的书本进行完全相同的句法结构的细微改变（包括标点、同义词、删除和缩短词），也可以发现维克斯如何通过细微的变化来完全剽窃西科斯基的话题序列和言语行为的。

语言手段	实　　例
1. 词汇替换或删除	"伤害"（harm）替换"损害"（damage）
2. 语法变化	单数名词替换复数名词
3. 话题序列	相同或不同的话题序列
4. 言语行为	相同或不同的言语行为

有嫌疑的词汇剽窃

将词汇剽窃分为较长的有嫌疑的剽窃和较短的有嫌疑的剽窃将有利于语言学分析。

较长的有嫌疑的剽窃

在小册子中可以找到一些与原书完全一样的词汇以及词汇顺序。排除一些仅带有细微词汇替换的情形，明显的较长的剽窃一共有以下 18 个情形：

136

贴士序号	小册子	书
5	Use the lowest octane that provides good performance	Use the lowest octane that pro-vides good performance
7	from 45 ~ 55 mph	from 45 to 55 mph
10	takes less gas to travel at 30 ~ 40 mph than it does to travel at 20	takes less gas to travel at 30 ~ 40 mph than it does to travel at 20mph

贴士序号	小册子	书
17	burn over 50% more gasoline than normal acceleration	burn over 50% more gasoline than normal acceleration
19	First gear uses 30~50% more	First gear uses 30~50 percent more
27	Don't ride the clutch to keep your car standing still on an incline	Don't ride the clutch to keep your car at a standstill on hills
27	save wear and tear on the clutch or transmission and save fuel	saves wear and tear on the clutch and transmission and conserves fuel
34	for maximum gas mileage	for maximum gas mileage
35	to keep the battery charged	to keep the battery charged
36	all engine drive belts adjusted to proper tension	all engine drive belts should be adjusted to proper tension
36	Belts that are too tight will damage bearings	Belts that are too tight will harm bearings
36	and make the engine work harder to overcome the extra friction	The engine will have to work harder to overcome the extra belt and bearing friction
37	check tire pressure often	check tire pressure often
38	advance the ignition timing 3~5 degrees over factory specification	advance the ignition timing 3~5 degrees over factory specs
40	can cost you an extra 1~2 gallons of gasoline per thankful	can cost you an extra 1~2 gallons of gas per thankful

贴士序号	小册子	书
43	you must carry extra weight, distribute it evenly throughout the car	you must carry extra weight, try to distribute it evenly throughout the car
50	at speeds of 20 ~ 40 mph	at speeds of 20 ~ 40 mph
50	use the vent position	use the vent position

在上述 18 组关于较长的有嫌疑的剽窃中，两者之间有着 137
惊人的相似。而上面提到的有细微差别的情形则包括：

1. 标点符号的变化（第 19 个贴士）。

2. 同义词的区别（第 27 个贴士中有 2 次，第 36 个贴
士）。

3. 词汇删除（第 36、38、43 个贴士）。

4. 用整词替换缩短词（第 38、40 个贴士）。

较短的有嫌疑的剽窃

尽管很多剽窃的内容并不长，但涉及 4 种形式的变化：同
义词替换、词汇删除、语法变化以及估值或比例的调整。

有嫌疑的同义词替换

贴士序号	小册子	书
动词		
33	can <u>rob</u> 10%	can <u>cut</u> 10%
34	<u>sends</u> a hotter spark	<u>delivers</u> a hotter spark

续表

贴士序号	小册子	书
形容词 33	one <u>bad</u> plug	one <u>malfunctioning</u> plug
副词 19	get into high gear as <u>soon</u> as possible	get into high gear as <u>quickly</u> as possible
介词短语 50 52 54	<u>up to</u> 4 mpg <u>up to</u> a quart can be lost reduce your top speed <u>in winter</u>	<u>as high as</u> 4 mpg lose <u>as much as</u> a quart reduce your top speed <u>during the winter</u>
冠词变成代词 35	<u>Your</u> alternator has to work overtime	<u>The</u> alternator works overtime

138 有嫌疑的删除

通常，这个小册子看上去是在直接剽窃原书的同时删除了原书句子中一些词，以下便是这种做法的示例：

贴士序号	小册子	书
名词的删除 32	change your oil at regular intervals	change the oil and *filter* at prescribed intervals

续表

贴士序号	小册子	书
短语的删除 7 10 33	10% ~ 15% more gas at 45 mph than at 35 mph maintain speed in the 30 ~ 40 mph range off your gas mileage	10% ~ 15% more gas to *travel* at 45 mph than at 35 mph maintain speeds *as close as possible to the economical* 30 ~ 40 mph range off *the top of* your gas mileage
代词的删除 2	buy gas	buy your gas
形容词的删除 34	to the ignition system	to the *entire* ignition system
固定词组的改变 37	in the heat of the sun	in the heat of the *day*

语法变化

通过改变语法结构也能达到剽窃的目的。本案中，这种语法变化主要体现在名词短语、修饰语顺序、名词单复数、动词时态以及估值或比例值的调整上：

贴士序号	小册子	书
名词短语的改变 35	if terminals are loose or corroded…	if corroded or loose terminals make…

139

贴士序号	小册子	书
修饰语顺序 34	battery fully charged	fully charged battery
名词单复数 27	use the emergency brakes	using the emergency brake
动词时态 27 32	use the emergency brakes lubricates vital engine parts	using the emergency brake lubricate vital engine parts
估算或比例值 19 43	at 20 mph second gear uses about 20% more gas than high for every 50 lbs. of added weight you use 1% more gas	at 20 mph second gear uses as much as 15~20 percent more gas than high for every 100 pounds of added weight mileage decreases from 1~6 percent

有嫌疑的话题序列剽窃

作者所谈论的话题就是每单元文本的主旨。在话语分析中，话题就是下文所涉及的内容。从话题引出之后直到下一个话题出现之前，文章的剩余内容都是用来发展及阐述该话题的。版权纠纷中的话题序列是一个重要的因素，它可以用来检查一个文本的篇章结构是否剽窃于另外一个文本。本案小册子中的 20 个贴士都是完全再现并发展了原书中的话题序列，只是做了一些细微的词汇删除，也对一个话题的词汇顺序进行了改变：

贴士序号	小册子中话题序列和原书的匹配情况
2	匹配 + 词汇删除 + 两个词的顺序倒转
5	完全匹配
7	完全匹配
10	匹配 + 删除了一个词
17	匹配 + 删除了一个词
19	匹配 + 删除了一个词
27	完全匹配
32	完全匹配
33	匹配 + 删除了一个词
34	匹配 + 删除了一个词
35	完全匹配
36	完全匹配
37	完全匹配
38	匹配 + 删除了一个词
40	完全匹配
43	完全匹配
50	匹配 + 删除了一个词
52	完全匹配
54	完全匹配

140

话题序列究竟能够在何种程度上证明版权侵权，这在法庭上并未得到展示或验证。但是，话语结构的确可以指出一个文本的内容表述是如何与另一个文本的内容表述相似或不同的。

有嫌疑的言语行为剽窃

言语行为是指作者使用语言来达到做事情的目的。比如，人们可以报告事实、预测、抱怨、发布指令、道歉、致谢、评价、提议、承诺、请求、警告、威胁、否定以及祝贺。因为这些言语行为在口语和书面语言中都是常见的，说话者或写作者都会反复不断地使用它们。在版权侵权的案件中，对不同文本使用和组织这些言语行为的方式进行研究，会有助于用另一种方法来界定"表述"，而这种方法不同于仅仅比较选词或措辞的方法。这里的"表述"包括所使用言语行为的选择和它们在文本中的排序方式。

在小册子里的 3 个贴士中，所有的言语行为在内容及其在文本中出现的顺序方面都与原书一模一样。在另外 7 个贴士中，其言语行为的顺序和原书一模一样，和原书相比仅仅是删除了其中一个言语行为。小册子里还有一个贴士和原书相比，言语行为顺序是一样的，仅仅是删除了其中的 2 个。此外，小册子对原书中最常见的言语行为进行了一致的修改，包括提供建议、发布指令，在一个贴士中却是警告。

141　　既然该侵权争议在庭审开始之前就已协商解决，那么很难得知本人的语言学分析在法庭上会有怎样的作用。然而，在协商过程中，语言学分析确实发挥了作用，而且很可能对赔偿条款产生了至关重要的影响。很明显，基于比例这一点，西科斯基对于案件的胜诉是很有把握的，因为维克斯公司制作的小册子所提供的贴士，每一条都能在西科斯基的书里面找到。过去，版权法的表述价值往往集中在相似词汇和表述的比较上，而上面对于其他语言层面的认同和应用，以及对于话语话题和言语行为序列的可接受性的判断，则需要以后在法庭中对其效果进行测试。

第五部分
歧 视

143

　　词典中对于"歧视"这一动词的传统定义是："差别对待或基于非个人价值偏袒"（韦氏大学词典）。某些词典还加了一些定义："基于偏见的对待"，以及"基于种族、肤色或性别做出不公平的区别"。而如今时代的发展使得"歧视"还包括了基于家庭关系、友谊和年龄而产生的不公平的或有偏见的歧视。对于歧视行为的指控已经出现在了公司和商业领域，甚至在一些特定的执法领域，执法人员或整个警察部门都被指控有歧视性种族定性行为。

　　在美国，《民权法案》（Civil Rights Act, 1964）第 7 条、《美国残疾人法案》（The Americans with Disabilities Act, 1990）和《反就业年龄歧视法案》（The Age Discrimination in Employment Act, 1967）都禁止在

就业、年龄、种族、民族本源、语言、宗教和性别方面的歧视。所有这些法案都是由美国就业机会均等委员会来执行的。这些法律所禁止的歧视性行为包括因被指控歧视而进行骚扰、报复，基于对能力、品质、表现及其他方面的刻板印象而做出的雇佣决定。

本部分所阐述的三种歧视性行为并不包括所有类型的歧视案件。本书讨论的内容限于住房、年龄和就业方面的歧视。很明显，还存在其他类型的歧视，比如性别歧视和种族歧视。本书没有涉及这些类型的歧视。由于本人还没有研究过因之引起的案件，所以无法提供这类案件中的例子。

当书面或口头语言作为歧视指控的证据时，语言学家就会应邀对这些语言进行分析，以判断它们是否足以证明被指控的行为构成歧视。以下讨论的案例都是语言学分析在此类案件中得到应用的例子。房地产经纪人的种族导向一案集中在这样一个问题上：听者是否有能力基于相对简短的电话通话而识别出说话者的种族，对于这个问题，过去的语言学研究已经提供了答案。另一个案件中，歧视行为的书面证据是雇主发给一位老员工的信息，该案涉及此前对形容老年人的典型语言的研究。在公共演讲、备忘录和媒体文章中使用到的一些词汇表明，雇主对于某些术语的使用是其对年长员工有偏见的有力证据。最后一个案例中，对于"被解雇"（dismissed）和"被拒绝续约"（non-renewed）情况进行了语义分析，涉及的是一位教师在指控一位同事对其有不正当的性企图后，立即被雇佣他的学校开除了，这位教师后来对该学校提起了报复性歧视的诉讼。

以下是对语言学家有参考价值的有关歧视的法律资料：

Eglit, Howard. 1994. *Age Discrimination*. 2nd ed. New York：McGraw-

Hill.

Larsen, Lex K. 1994—. *Employment Discrimination*. 11 vol. New York: Matthew Bender.

Lewis, Harold S., Jr., and Elizabeth J. Norman. 2001. *Employment Discrimination Law and Practice*. St. Paul, Minn.: West Group.

Nelson, Robert L., and William P. Bridges. 1999. *Legalizing Gender Equality*. New York: Cambridge University Press.

Player, Mack A. 1999. *Federal Law of Employment Discrimination in a Nutshell*. St. Paul, Minn.: West Group.

¹⁴⁵ 第十三章　房地产公司的种族导向

住房机会平等组织诉黑文斯房地产经纪公司

(*HOME v. Havens Realty Corporation*)[*]

　　"住房机会平等组织"（HOME）是美国弗吉尼亚州的一个非营利性组织，其成立目的是杜绝里士满（Richmond）地区的非法住房歧视。它致力于通过提供住房咨询服务、调查歧视性的言论以及向相关联邦及州机构提起歧视申诉来帮助所有种族的人获得住房。它的任务还包括对房地产经纪人进行独立调查，以确定他们是否在不考虑住房申请者的种族的前提下为其提供了合适的住房。在进行调查的时候，住房机会平等组织通常会安排美国白人和黑人"测试员"伪装成寻找公寓（apartment）或房子（house）的人给房地产公司打电话。

　　1978 年 3 月，一个当地的黑人——保罗·阿伦·科尔斯（Paul Allen Coles）认为黑文斯房产经纪公司（以下简称"黑文斯"）故意妨碍他在一个以白人为主的楼群租房。他把申诉递交到了住房机会平等组织，随后，住房机会平等组织安排了两个测试人员，一个黑人和一个白人，对此情况进行调查。两

---

　　* 案例卷宗号：No. 79 - 1199. 弗吉尼亚州里士满联邦地区法院（U. S. District Court, Richmond, Virginia）。

天后，住房机会平等组织的黑人测试员打电话问黑文斯是否有公寓可供其租住，黑文斯告诉他说没有可供出租的公寓了。同一天，住房机会平等组织的白人测试员同样打电话询问，而黑文斯却告诉他在两个公寓楼群中都有一些空闲的公寓可供出租，这两个楼群的其中一个是白人和黑人混居的，另一个则主要由白人居住的。在接下来的 4 个月中，住房机会平等组织对黑文斯进行了多次同样的测试，结果都是一样的。七月份，科尔斯（Coles）先生亲自去了黑文斯房地产公司，他被告知，在白人和黑人混居的楼群中有可供出租的公寓，但在白人居民为主的楼群中没有可供出租的公寓。而后，一位白人测试员询问了该房产经纪人，他则被告知，在白人为主的楼群中有公寓可以出租给他，这一点房产经纪人并没有告诉黑人测试员。

1979 年 1 月，住房机会平等组织对黑文斯房地产公司提起集体诉讼，声称黑文斯根据种族或肤色对白人和非白人租房者进行区别对待，参与了对他人的伤害和损害行为，以及不愿向黑人顾客展示白人居民为主的楼群中的可供出租的房子。

在随后的庭审中，黑文斯辩称纠纷所涉及的城市及县区范围太大，不能构成住房歧视的目标地区，而且住房歧视的诉讼是在诉讼时效（180 天）到期之后才提起的。黑文斯还对测试员的使用表示抗议，尤其是这些测试是在过了诉讼时效之后才"进行"的。原告住房机会平等组织则声称，这些测试是在被告的种族妨碍行为一直持续的过程中"进行"的。地区法院同意黑文斯关于诉讼时效终止的观点，驳回了起诉。

对于该判决，住房机会平等组织并没有就此放弃，而是对本案提起上诉。1980 年 1 月，巡回法院对本案进行了改判，并发回重审，它认为这些测试都是在诉讼时效期限内进行的，而且认为黑文斯的歧视性行为是一个普遍的持续进行的事件，而不是当科尔斯先生被剥夺了在白人为主的楼群租住公寓的机会时所发生的单一事例。

住房机会平等组织的代理律师们在本次诉讼进行期间的早些时候联系了本人，请求本人对他们的主张提供证明，他们认为，正如原告和两位测试员所经历的那样，说话者的种族身份可以在电话中得到的识别。不过，本人从来没有被法庭传唤对此事作证，可能是因为法庭辩论中双方最先展开博弈的中心问题是被告提出的诉讼时效终止，以及对住房机会平等组织使用测试员进行抗议。如果被传唤，以下分析是本人在法庭上所要作证的内容。其焦点是检验人们从打给房地产公司的电话中识别出租房者的种族身份的能力。

资料

住房机会平等组织提供给我两盘录音带，一共包含8种不同的声音，都是在一个模拟的电话对话中无准备地说话的。他们让我识别出8种声音发出者的种族身份。我还接到一个实时的电话，是由一个叫做亚瑟·莱特（Arthur Wright）的人打来的，我事先并不知道他的种族身份。于是，我对9种声音都做了比较，寻找能够确定他们种族身份的语言线索，在这个过程中，我用到了黑人英语（VBE）中9种常见的语言特征，用非专业术语总结如下：

147　　1. 在以浊辅音"th"开头的词中，这个音通常发起来都带有一个"d"的音。

2. 在以"r"结尾的词中，这个"r"不发音。

3. 在"l"后接一个元音的词中，这个"l"不发音。

4. 在以"-ing"结尾的动词中，这个音会发成"-in"。

5. 在"eh"音后跟着"m"、"n"和"ng"这类鼻辅音的词中，这个元音会发成"ih"。

6. 在有"ay"音的词中，这个音会发成"ah"音。

7. 在以清辅音音丛结尾的词中，最后一个辅音不发音。

8. 在第三人称单数动词中，"s"不发音。

9. "I'm going to…"会被发成"ahma"。

确实，上面列出来的特征中，有一些也是南方很多白人说话时所共同带有的特征。正是 VBE 语音所具备的这些及其他更加显著的特征构成了此次语言学分析。这 8 种录下来的声音中，有一些，而不是全部，以不同程度的频率使用到了这些语言特征。我制作了下面的图表，记录了上述黑人英语语言特征的每一次出现，以及在每一种声音中它们出现的频率：

已知的美国黑人英语语言特征	黑人声音					白人声音			
	1	3	5	6	9	2	4	7	8
1. this > dis	0	1/1	1/1	2/2	5/5	0	0	0	0
2. four > foe	4/4	5/5	1/1	1/2	5/5	0	0	0	0
3. help > hep	0	1/2	0	3/3	0	0	0	0	0
4. eating > eatin'	2/2	4/4	2/3	0	5/5	0	0	1/3	0
5. pen > pin	1/1	1/1	1/2	0	4/4	0	0	0	0
6. child > chald	2/2	3/3	2/2	0	5/5	0	0	1/6	1/6
7. west > wes	2/3	1/1	1/2	0	4/4	0	0	1/2	0
8. goes > go	1/1	0	1/1	0	1/1	0	0	0	0
9. I'm gonna > ahma	1/1	0	0	0	1/1	0	0	0	0

20 世纪六七十年代以来，语言差异方面的研究已经很清楚地表明，即使个体特征是很多说话者群体所共有的，但它们的出现仍然是不确定的（Labov 1966；1972）。也就是说，并不是每一次当一个人说 help 这个词没有发"l"这个音时，就可以说这个人说 help 时肯定是不发"l"这个音的。同样的，一些黑人英语的特征也会出现在其他群体的口语中，比如把 eating 说成 eatin'（7 号说话者），以及南方白人口语中典型的缺乏元音的滑音（对比 7 号和 9 号说话者）。还需注意的是，这些口语样本都是自然发生的对话，而不是来自于单词表或是阅读文章。因此，对于不同的说话者，一些语言特征的出现几率也是不同的，这就说明了，比如，为什么 1 号、5 号和 9 号说话者在说 help 这个词时没有去掉"l"的音。在这两盘录音带中，他们并没有说到包含这种音韵学特征的词语。

将这些语言特征作为标准，本人得以在盲测中准确地识别了所有 9 位说话者的种族身份。那么问题就在于，对于非语言学家的普通人来说，他们能够做到如此准确的种族识别吗？为此，我们准备引用我的研究团队和我十多年前在底特律（Detroit）所取得的研究成果（Shuy, Wolfram, and Riley 1968；Shuy and Williams 1973）。在底特律方言研究这一研究项目中，12 个领域的研究者拜访了随机抽选的包含各阶层的底特律普通家庭，并对他们的对话进行录音，时长差不多 1 个小时。该研究录音的对象几乎涵盖当时所有种族、年龄和社会经济地位的底特律人。从对 714 位底特律人进行的时长大约 1 小时的完整录音中，我们选出了较短的关于白人和黑人语音的样本用作后续研究，以确定同一种族和同一社会经济阶层的成年底特律人，同时进一步确定根据这些简短的录音样本来识别说话者的种族身份有多大的准确性。每一个样本都持续 20 秒，包含了

根据霍林谢德等级表（Hollingshead scale）而分成的 4 个社会
经济阶层，每一阶层分别由 3 位男性说话者代表。从时长达到
1 小时的录音带上选取的这些样本随后被转录到一个新的录音
带上，这个新的录音带中的说话者包括：

3 位中上阶层黑人

3 位中上阶层白人

3 位中下阶层黑人

3 位中下阶层白人

3 位上层工人阶级黑人

3 位上层工人阶级白人

3 位下层工人阶级黑人

3 位下层工人阶级白人

此外，我们还制作了另外一个新的录音带，里面的每段
话甚至更短，只有 3 ~ 5 秒钟的时长，当然这也是从那些时
长达到 1 小时的采访录音上选取的，而且同样也如上面提到
的那样，代表了来自 4 个社会经济阶层的底特律男性黑人和
白人。

接下来的任务是找到来自相同社会经济群体和相同种族的
底特律人，让他们在听了两个录音之后从主观上判断他们所听
到的说话者的种族身份和社会经济地位。根据相同的 4 个社会
经济群体、3 个年龄群体和黑人、白人两大种族，我们找到了
620 位底特律人，他们听了两盘录音，并对说话者的种族身份
和社会地位做出了判断。这群人中包括 60% 的白人听者和
40% 的黑人听者，差不多以相同的比例代表了当时的底特律的
人口组成。

从这个研究中我们发现，所有种族和社会经济阶层的底特

律人都拥有极强的能力来根据 20 秒时长的录音样本判断男性
底特律人的种族身份和社会经济地位，具体结果如下：

> 黑人听者识别黑人说话者的准确率当时达到 82.2%。
> 白人听者识别黑人说话者的准确率当时达到 76.9%。
> 黑人听者识别白人说话者的准确率当时达到 78.4%。
> 白人听者识别白人说话者的准确率当时达到 84.1%。

仅仅测试了成年听者的反应后，我们发现黑人成年听者识
别说话者种族身份的准确性当时达到了 79%，而白人成年听
者识别说话者种族身份的准确率达到了 85.6%。

而对于那些持续只有 3～5 秒钟的更加简短的声音样本，
和听了 20 秒时长的样本相比，底特律人识别说话者种族身份
的准确性下降了大约 10%。

白人和黑人听者主要不能准确识别的人群是中上阶层的黑
人说话者，他们的声音听上去和白人相似，甚至黑人听者都会
将他们误认为是白人。把中上阶层黑人的声音排除出比较的范
围之后，无论是白人听者还是黑人听者，他们识别说话者种族
身份的准确率都达到了 90%。

基于本人根据简短的声音样本准确判断说话者种族身份的
语言能力，以及过去的研究所展示的非语言学家的普通人也能
以几乎相同的准确性对说话者的种族身份进行识别这一研究成
果，本人准备在法庭上作证，房地产公司的员工的确有可能在
电话交谈中识别出了黑人寻租者的种族身份。然而，正如上面
提到的，庭审的中心问题变成了这样的法律问题：诉讼时效是
150 否已经终止，以及测试员的使用在此类案件中是否恰当。为
此，本人并没有在本案中提供证词。

这个案件使本人有机会回顾先前的社会语言学研究，如果

本案没有在最后转移话题，那么本人会展示一个语言学家证人的证词会关注什么问题。必须强调的是，法律语言学家有必要在各种各样的英语方言的发音和语法方面受到很好的训练，而且需要足够的知识储备以便随时对语言差异进行研究。

¹⁵¹ # 第十四章　年龄歧视

理查德·汉耶诉通用电气公司
(*Richard Hannye v. General Electric Company*) [*]

1967 年《反就业年龄歧视法案》的目的是促进年老员工基于其能力而非年龄获得平等就业机会，禁止就业中出现的随意性年龄歧视，以及就年龄对于工作所产生影响的相关事项向员工及其雇主提供帮助。

1990 年，一个名叫理查德·汉耶（Richard Hannye）的中层经理，在他 50 岁时突然被他已就职多年的通用电气（General Electric）解雇，汉耶认为这是和他的工作表现或工作态度有关，但通用电气没有给出任何解雇理由。于是，根据 1967年《反就业年龄歧视法案》，他对通用电气提起诉讼，指控该公司歧视他的年龄。

在这类案件中，通常非常难找到反映歧视的实体性证据。在证据开示（discovery）过程中，汉耶的律师请求法院批准其查看所有由通用电气掌控的相关文件，比如媒体剪报、备忘录、信件和员工评估结果。通用电气一开始还算合作，但后来

---

　　* 案件卷宗号：Docket No. 90 – 4757（AET）. 宾夕法尼亚州费城联邦地区法院（U. S. District Court, Philadelphia, Pennsylvania）。

决定拒绝执行法庭的命令，他们的反对意见是，汉耶的律师复印了通用电气公司认为与本案并无关联的文件。法庭支持了通用电气的异议，所以汉耶只能依靠自己的力量查找有关通用电气公司文化的证据。但使事情更加糟糕的是，通用电气的董事长兼首席执行官杰克·韦尔奇（Jack Welch）的习惯做法是从来都不写任何备忘录或者长篇的文件，而且他几乎也不接受媒体的采访。不过，还是可以零星地找到根据他的发言整理的记录。

资料

152

由于在证据开示过程中，通用电气拒绝原告查看公司文件，汉耶的律师们转而到网上查找关于通用电气公司的媒体文章，他们希望从韦尔奇或其他通用电气高层行政人员的引用语中找到有关其年龄歧视行为的证据。他们找到了大量的文章，但其中只有少数一些和原告的目标有稍微的关联。这些数量不多的文章激起了原告律师们的兴趣，但是他们却不能确切地指出这些就是年龄歧视的证据。他们意识到这是一个语言方面的问题，于是联系到本人，看看本人能从中找到些什么。

筛选了一百多篇媒体文章之后，本人找到了 14 篇可能包含对本案有帮助的韦尔奇及其他通用电气行政高层引用语的文章。此外，我们也找到了 4 篇韦尔奇先生公开演讲的文字记录。然后，为了确定哪些报道内容是关于通用电气公司文化的，尤其是可能和年龄歧视有关联的，本人在书面报告中使用了 18 篇文章，所使用的文章如下：

1. GE Internal memo, October 27, 1987, from Donna Magee, Corporate Financial Management, to Dennis Dammerman, senior

vice president of finance, regarding her selection of an open executive-level position.

2. *Wall Street Journal*, August 14, 1987, "Combative Chief: Although Still Widely Praised, GE Chairman Welch Is Facing Growing Criticism."

3. *Fortune*, August 3, 1987, "The World's 50 Biggest Industrial CEOs."

4. *Fortune*, January 5, 1987, "Jack Welch: The Man Who Brought GE to Life."

5. *Monogram* (undated and untitled article).

6. *Fortune*, July 7, 1986, "What Welch Has Wrought at GE."

7. *Harbus News*, November 2, 1987, "HBS Focuses Microscope on General Electric CEO."

8. *Executive Excellence*, November 1984, "A General Electric Case Study: Four Critical Steps to Cultural Change."

9. *Fortune*, January 25, 1982, "Trying to Bring GE to Life."

10. Transcript of a speech by Jack Welch at the Hatfield Fellow Lecture, Cornell University, April 26, 1984.

11. *Financier*, July 1984, "Shun the Incremental; Go for the Quantum Leap," an article written by Jack Welch.

153   12. *Washington Post*, September 23, 1984, "GE's Welch Powering Firm into Global Competitor: Changing a Corporate Culture."

13. *USA Today*, December 11, 1986, "John F. Welch, Jr.: The Driven, Energetic Chairman Who Brought GE to Life."

14. *Business Week*, December 14, 1987, "GE's Jack Welch:

How Good a Manager Is He?"

15. *Fortune*, March 27, 1989, "Inside the Mind of Jack Welch."

16. Transcript of a speech by Jack Welch at the GE Annual Meeting of Shareholders, Greenville South Carolina, April 26, 1989, "Speed, Simplicity, Self-Confidence: Keys to Leading in the 90s."

17. Transcript of a speech given by Jack Welch at GE Annual Meeting of Shareholders, Decatur, Alabama, April 24, 1991, "In Pursuit of Speed."

18. Transcript of a speech by Jack Welch at Harvard University, October 17, 1990, "Mentors, Tutors, Friends: Employee Volunteers in America's Schools."

语言学分析

年轻人和年老者的刻板印象之对比

通过研究关于年龄表述的语言刻板印象（Coupland, Coupland, and Giles 1991），研究者解释了一大批形容年老和年老者的用语，其中有些是正面的，也有些是负面的。金斯伯恩（Kinsbourne）1980 年写的一篇文章和帕尔默（Palmore）1990年写的一本书进一步完善了这项工作。这些资源给本人提供了下列对于年老者的典型看法，本人从这里入手开始研究：

	负面的刻板印象	正面的刻板印象
"年老"	适应性不强（non-adaptable） 迂腐（out of date） 体能衰退（physically decrepit） 反应及动作缓慢（slow） 迟钝/翻来覆去（dull/repetitious） 衰弱（frail） 认知能力衰退（cognitively declining） 自私（selfish）	经验丰富（experienced） 有见识（knowledgeable） 睿智（wise） 成熟（mature） 老练（seasoned）
"年轻"	缺乏经验（lacking experience）	强壮（strength） 敏捷（speed） 充满斗志（aggression） 精力充沛（fresh） 外表好看（good looking） 开朗（cheerful） 有幽默感（sense of humor） 注重当前（concern for the present） 关注时事（social issues）

154

汉耶给我提出的问题是，韦尔奇和其他通用电气高层在接受媒体采访、发表演讲以及在备忘录中使用的语言是否表现出他们在选拔、留任和提拔通用电气经理人员时对年老员工存在年龄上的偏见。我从这些文件中摘录了以下5篇，都表现了他们重视年轻人却轻视上年纪的人，正是从这一点出发开启了我的研究：

1. 文件1，由通用电气财务执行官写作，提到："以下候选人拥有公司审计人员经验，很显然是可以提拔的，而且会很适应年轻的、充满竞争的工作环境。"

2. 文件2引用了通用电气飞机引擎生产组负责人的话："有些人过了一定的年龄就没法再通过训练提高了，他们最好离开通用电气。"

3. 文件3引用了杰克·韦尔奇的话："那些年老且做事小心谨慎的公司官僚派在通用电气很常见。"

4. 文件4引用了杰克·韦尔奇的话："在我们公司里陷入麻烦的总是那些墨守成规的人。"

5. 文件5引用了杰克·韦尔奇的话："昨日的经理倾向于接受妥协以及保持事态简洁，似乎这样能让他们产生满足感。"

在以上引自通用电气高管的5句话中，我们了解到通用电气更加喜欢"年轻的、充满竞争的工作环境"，经理们"过了一定的年龄就没法再通过训练提高了"，"那些上了年纪且做事谨慎的官僚派"很常见，"墨守成规"是不好的，"着眼于昨日的经理"惯于妥协且喜欢自我满足。这些话很好地展示了之前所列出来的对于上年纪人的刻板印象。这些话也反映了当时通用电气的公司文化。

称职经理所具备的特点

有18篇文章引用韦尔奇先生和其他通用电气高管对于称职经理的看法，于是接下来我便从这些文章中找到他们提到的

155

称职经理所要具备的特点，并用图表的方式将这些特点展示出来，并将其与前面研究表明的对于年老员工的刻板印象进行比较。如下所示：

通用电气高层所说的话和对年轻经理正面的
刻板印象的术语之间的比较

文件	修饰语	有能力	强壮	精力充沛	敏捷	外表好看
2	有胆量的人	X	X			
5	适应变化	X		X		
5	面向明天的领导者	X		X		
7	高 效	X			X	X
7	敏 捷	X			X	
8	敏 捷	X			X	
9	迅 速		X	X	X	
9	成 长		X			
9	有创造性	X		X		
9	有紧迫感	X	X			
9	尝试新事物	X		X		
10	精力充沛	X	X	X	X	X
10	迅 速	X	X		X	
10	高 效	X			X	X
10	敏 捷	X			X	
10	焦 躁			X		
10	无 礼			X		
10	反对制度	X	X	X		

文件	修饰语	有能力	强壮	精力充沛	敏捷	外表好看
10	敢于挑战/怀疑	X	X	X		
10	充满活力	X	X	X		
11	精力充沛	X	X	X	X	X
11	焦 躁			X		
11	无 礼			X		
11	反对制度	X	X	X		
12	高 速	X	X		X	
14	成 长	X				
14	得了一些分		X			
14	面向明天的人	X		X		
16	快 速	X	X		X	
16	迅 速	X	X		X	
16	大 胆	X	X	X		
16	充满斗志	X				
17	快 速	X	X		X	
18	渴 求			X		
18	精力充沛	X	X	X	X	X
18	有创造性	X		X		

156

关于这些文件中引用的通用电气高层管理人员言论，突出的一个方面是通用电气将经验和认知能力的降低作为其选拔、留任和提拔经理的正当依据。正如上面的图表所示，富有经验和有见识是对年老员工的两个主要的正面评价。相反，缺乏经验则是对年轻员工的一个主要的负面评价。韦尔奇明确反对将经验和知识丰富作为选拔、提拔和留任经理时的正面依据，主要体现在下列话语中：

1. 文件6："我们想获得一种开阔的感觉和精神。但25～30岁年龄段的经理并非如此，他们领先一步，只是因为比他们手下的员工要知道得多那么一点点。"

2. 文件7："以前一个人可以凭借多了解一个事实，多拥有一点知识而成为一位经理，但那些日子已经一去不复返了。"

3. 文件5："认为一位经理比他（她）的下属知道得多一点，这样的观点已经过时了。这样做，并且将其视为能力体现的经理其实是一个软弱的、过时的经理。"

4. 文件5："认为领班或经理了解更多的事实，然后利用这些事实成为'老板'，这样的观点已经是五六十年代的事情了。"

5. 文件8："甚至我们的候选人选拔程序都已经变了。过去我们曾经很看重一个'一直坐在稳妥的位置上'的人，但现在我们寻找的是一个有着完成工作的独特能力的人，而不是看其有着'正常的'背景。"

157 　6. 文件14："过去人们认为一个老板是因为他或她比其员工多了解一些事实而成为老板，但其实这样的人只适合于过去。"

在通用电气直接负责选拔员工填补管理层空缺位置的经理——多纳·麦基（Donna Magee），在文件1中补充了韦尔奇的观点："选拔的依据在于才能和可提拔性，而不是在政府部门工作的经验"。这里她不仅反对将经验作为正面依据，而且还暗示经验和才能与可提拔性是互相排斥的。

鉴于经验是对年老员工的一个主要的正面评价，而缺乏经验是对年轻员工的一个主要的负面评价，韦尔奇先生和麦基女士说的话都表明了通用电气公司对于年老员工存在年龄上的偏见。

接下来，我把通用电气高管形容不合格的经理的话和对于年老者的刻板印象的用语进行了比较，如下所示：

通用电气高层所说的话和对于年老者负面的
刻板印象的术语之间的比较

文件	不合要求的经理	迂腐	适应性不强	怠惰	衰弱	缓慢	迟钝
2	忠 诚			X			
3	年 老	X	X	X	X	X	X
3	谨 慎		X	X		X	X
4	守 旧	X	X	X			X
5	过时的经理	X	X				X
5	衰 弱			X	X		X
5	效力多年			X			
6	停滞不前	X	X				
6	效力多年			X			
8	坐在稳妥的位置上					X	
9	受制于传统	X	X				X
10	小 心		X	X			X
10	缓 慢			X		X	X
10	努力提高			X		X	X
10	顺从者		X				X

续表

文件	不合要求的经理	迂腐	适应性不强	怠惰	衰弱	缓慢	迟钝
10	组织内的人		X	X			X
13	植根于昨天	X	X	X			X
14	心系过去	X	X	X			X
14	昨日的经理	X	X				X
14	忠　诚			X			
15	官　僚	X	X			X	X
16	心力交瘁		X	X	X		X

158

以上两个图表比较了通用电气高管用于对年轻员工正面评价的用语和用于对年老员工负面评价的用语，它们表明通用电气高管认为好的经理应该具备年轻的潜力、力量、速度、好看的外表以及活力。相反，他们在形容不合要求的经理时，用语往往是和对于年老员工的刻板印象是相关联的——缓慢、适应性不强、衰老、衰弱、迟钝、翻来覆去、迂腐以及怠惰。

最后，韦尔奇先生在文件15中使用了"官僚"这个词："我们的制度允许公司里有才能的年轻工程师得到迅速的提升。如果我们的制度中有了官僚和僵化的因素，那么我们就会在全球市场方面败给竞争对手"。对韦尔奇先生来说，"官僚"是一个对经理进行负面评价的术语，而且和他认为不合格的经理是紧密联系的。而且，如果把不合格的经理和年老员工等同看待，那么同样会把年老员工和不合格的经理一样视为官僚主义的代表。

通用电气高管对于官僚主义的负面评价和

对于年老员工的典型看法之间的比较

文件	对于官僚主义的负面评价	迂腐	适应性不强	怠惰	衰弱	缓慢	迟钝
2	无处发展		X	X		X	
12	依靠人数	X	X	X		X	X
15	缓 慢			X		X	
15	僵 化		X	X		X	
15	浪费能源		X	X		X	
15	令我们沮丧		X	X		X	
15	把我们逼疯						
16	惧怕速度		X	X		X	
16	讨厌简单性	X				X	
16	自卫的		X	X			
16	助长阴谋		X				
16	固执己见		X	X		X	
16	一个障碍				X	X	
16	去坟场的车票	X	X	X	X	X	X

159

在总结报告时，本人指出通用电气高管人员在接受媒体采访、发表演讲和在内部备忘录中使用的话语是其在选拔、留职和提拔经理上对年老员工存在年龄歧视的强有力的证据。原告在和通用电气协商时使用了这份报告，而且据说对于通用电气和汉耶先生达成保密调解协议发挥了应有的作用。他没有告诉本人调解协议的内容，但通过他的律师，本人了解到他们对于该调解协议是满意的。

通过语言表现出的态度和刻板印象研究语言发出者的心态

是语言学的一个重要部分，对于法律语言学家来说是很有意义的。既然在这领域已经有了一些研究可以应用于像本案这样的案子中，本人便借用了已有的研究。

以下是一些有关语言和年纪增长的参考资料：

Barbato, C. A., and J. C. Feezel. 1987. The Language of aging in different age groups. *Gerontologist* 27: 527～531.

Covey, H. C. 1988. Historical terminology used to represent older people. *Gerontologist* 28: 291～297.

Coupland, Nikolas, Justine Coupland, and Howard Giles. 1991. *Language, Society and the Elderly*. Oxford: Blackwell.

Coupland, Nikolas, and Jon F. Nussbaum. 1993. *Discourse and Lifespan Identity*. Newbury Park, Calif. : Sage.

Hummert, Mary Lee, Teri A. Garstka, and Jaye L. Shaner. 1995. Beliefs about language performance: Adults' perceptions about self and elderly targets. *Journal of Language and Social Psychology* 14. 3: 235～259.

Hummert, Mary Lee, John M. Wiemann, and Jon F. Nussbaum. 1994. *Interpersonal Communication in Older Adulthood*. Thousand Oaks, Calif.: Sage.

Maddox, George L., ed. 1987. *The Encyclopedia of Aging*. 2nd ed. New York: Springer.

Nuessel, Frank H. 1982. The language of ageism. *Gerontologist* 22: 273～276.

——. 1992. *The Image of Older Adults in the Media: An Annotated Bibliography*. Westport, Conn.: Greenwood.

Obler, Loraine K. and Martin L. Albert. 1980. *Language and Communication in the Elderly*. Lexington, Mass.: Lexington Books.

Palmore, Erdman B. 1990. *Ageism: Negative and Positive*. New York: Springer.

第十五章 报复性终止合同的歧视

161

大卫·贝内克里提斯诉伦尼·厄尔·
约翰逊和达灵顿县学区

（*David E. Benekritis v. Renny Earl Johnson and
the Darlington County School District*）*

　　大卫·贝内克里提斯（David Benekritis）是一位高中数学教师，却在 1992~1993 学年被南卡莱罗纳州（South Carolina）达灵顿（Darlington）县学区解雇。他于 1977 年获得学士学位后，曾在萨斯喀彻温（Saskatchewan）、佛罗里达州、佐治亚州、密歇根州和德克萨斯州这些地方短暂任教。1991 年，他申请了南卡莱罗纳州达灵顿县学校系统中的数学教师岗位。在那里，一位名叫 R. 厄尔·约翰逊（R. Earl Johnson）的"指导教师"受学校指派向他介绍学校的相关政策和程序，尽管约翰逊先生随后否认了自己曾担任任何官方指派的指导教师。

　　一天放学后，约翰逊先生邀请贝内克里提斯先生和他一起参加一个小型的篮球比赛，这个比赛在附近一个教堂的体育馆举行，约翰逊先生经常在那里练习篮球。贝内克里提斯接受了

---

　　* 民事案件卷宗号 No. 2：93 - 3136 - 18。南卡莱罗纳州查尔斯顿区联邦地区法院（U. S. District Court, Charleston Division, South Carolina）。

他的邀请，但后来声称在比赛过程中受到了约翰逊先生的性侵犯，他说约翰逊抓了他的下体并进行玩弄。贝内克里提斯向学校和警方都报告了此事，但警方经过调查之后却撤销了针对约翰逊的所有指控。

在指控撤销之后，学校的人事主任第一次调查了贝内克里提斯先生的工作经历，尽管他在贝内克里提斯申请该工作时就可以接触到这些资料。他用电话联系了贝内克里提斯在佛罗里达州的推荐人，之前该推荐人给贝内克里提斯先生的书面评价很积极，但如今却说他曾和贝内克里提斯之间存在一些未经确认的"问题"，还说贝内克里提斯的教学合同在第二年"没有得到续签"。有意思的是，贝内克里提斯先生是在辞去佛罗里达州的工作之后，才请求他为其申请达灵顿县的工作而撰写一封推荐信，而在这封推荐信上，没有任何内容暗示贝内克里提斯之前在佛罗里达的学校工作期间有任何不良表现。

最近收到的这份关于贝内克里提斯先生在佛罗里达州学校工作期间表现的最新信息和他申请达灵顿县学校教职的申请表提供的信息是相矛盾的，在申请表上，贝内克里提斯先生称他离开佛罗里达州工作岗位的原因是"去接受新的岗位"，也就是后来在佐治亚州的工作。根据这份新的与之前相矛盾的信息，贝内克里提斯如今因为在申请表上作假而被解雇。随后，贝内克里提斯指控达灵顿学校系统对他实施报复性歧视和不当解雇，其中报复性歧视违背了 1964 年《民权法案》第 7 条和《南卡莱罗纳州举报人保护法案》（South Carolina Whistle Blowers Act）。

资料

贝内克里提斯先生的律师们联系了我，请求我对贝内克里提斯先生向达灵顿县学校系统提交的申请表上的措辞进行分析。在申请表上，贝内克里提斯列出了过去每一位雇主的姓名、地址和电话号码以及他离开这些工作岗位的原因。对于他在佛罗里达的工作，在"离开的原因"一栏他写道："去接受佐治亚州奥尔巴尼的一个新职位"。在调查个人信息的页面上，有一个问题是"曾经有过在某岗位上被解雇/被拒绝续约的经历吗"，对于该问题，他在表格上打了一个叉，意思就是"没有"。申请表的最后一段是这样的一个声明：

> 　　本人谨向达灵顿县学区申请工作，并承诺本人申请表上及申请该工作过程中均无任何不实陈述或事实遗漏，否则本人接受丧失本次工作机会的结果，或即使得到雇佣，被终止工作合同的结果。

　　注意到这两个说明，达灵顿学校系统根据他们事后很久才从贝内克里提斯的推荐人处得到的信息，声称他歪曲了事实，而贝内克里提斯则坚信他因为向学校及警方报告校长指派给他的"指导教师"约翰逊先生对其所实施的性侵犯行为而成为报复性歧视的受害者。

　　在原告提起歧视性报复的诉讼之后，法律要求被告有责任证明雇主所提出的理由只是借口。贝内克里提斯的律师们坚称表面上的证据确是贝内克里提斯声称约翰逊对他实施了性侵犯，向校方和警方报告此事，以及随后他被解雇。而后，他们进一步提出，从这些证据上唯一能被推断出的结论就是达灵顿学校系统解雇贝内克里提斯的依据是具有报复性质的。

163

语言学分析

对于贝内克里提斯先生对关于他过去工作经历的问题的回答，本人的分析重点在于申请表上的这些问题本身。表格上提问"曾经有过在某岗位上被解雇/被拒绝续约的经历吗"时，在"被解雇"和"被拒绝续约"之间使用了短斜线。短斜线这种标点符号在美国英语中至少有三种用法：一是隔开可二中选一的词；二是隔开连续的平等的部分；三是在缩写词中暗示"每"的意思。《韦氏大学词典》是这样列出及描述这些用法的：

短斜线的用法

定　义	例　子
1. 隔开可二中选一的词	……设计用于高热度以及/或者高速度
2. 隔开连续的平等的词	……1983/1984 会计年度
3. 在缩写词中代表"每"	……9 英尺/秒……20 公里/小时

本案中的一个问题是该问题使用到的短斜线是否为隔开一对平等的词（如"1983/1984 会计年度"中的短斜线），若是这样，那么"被解雇"和"被拒绝续约"可以被看作同一个单位中的平等的同义词；或者它是否是隔开两个可只选其一的词（如"高热度以及/或者高速度"中的短斜线），若是这样，那么"被解雇"和"被拒绝续约"代表着供回答者考虑的两个相互独立且不同意义的词。

如果合同中提到了"被解雇以及/或者被拒绝续约"，那么这种表述的意思就很清楚，因为这已经成为用来凸显两个可二中选一的词的常用且很容易被接受的一种方法。但本案中的

问题表达中并没有"以及/或者"，这就使得问题设计者是否 164
是以可二中选一的词组还是并列的同义词组来理解"被解雇/
被拒绝续约"变得模棱两可。

"被解雇" 和 "被拒绝续约" 的语义

在就业的语境中，"被解雇"往往意味着以某理由致使某
位员工离开就业岗位，将其解雇或开除。"被拒绝续约"就离
开就业岗位而言，其原因并不是很明确。被拒绝续约可能是由
预算削减或其他良性的原因造成的。当"被解雇"和"被拒
绝续约"用短斜线联结起来，这种组合的形式表明这两个词
组应该用作同义词。如果相反，问题中使用了传统的指示语
（以及/或者），那么看到问题的人就会明白这两个词分别代表
着不同的情形，"被拒绝续约"不被用作"被解雇"的同义
词。也就是说，"被拒绝续约"也就不会被解读为是有某种原
因的。

问题设计者使用"被解雇/被拒绝续约"所带来的更深的
一个问题在于我们所讨论的这个问句的句法。一般而言，人们
都会说"从……被解雇"（dismissed from）和"因为……而被
拒绝续约"（non renewed for）。申请表设计者所选用的介词和
"被解雇"是很常用的搭配，却不适合与"被拒绝续约"搭
配。如果他们想让申请者分别回答是否"被解雇"及"被拒
绝续约"，那么他们应该把这两个不同的介词（from, for）都
写在句子里。

如果就业申请表的作者的本意是要问申请者是否有过因故
被解雇或者因其他任何诸如学生入学人数减少、教师人数过
剩，或者学校倒闭等原因被拒绝续约的经历，那么至少有三种
方法可以相对容易地表达出这样的意图：

1. 以不同的问题分别提问:

曾经有过被解雇的经历吗? ＿＿＿有＿＿＿＿＿＿没有

曾经有过被拒绝续约的经历吗? ＿＿＿有＿＿＿＿＿＿没有

2. 通过明确原因来分别提问:

曾经因故被解雇过吗? ＿＿＿有＿＿＿＿＿＿没有

曾经因故被拒绝续约过吗? ＿＿＿有＿＿＿＿＿＿没有

165

3. 使用按照惯例易于接受的"以及/或者":

曾经有过被解雇以及/或者被拒绝续约的经历吗? ＿＿＿有

＿＿＿＿＿＿没有

　　本人在本案的书面报告中概述了以上的语言学分析,最后总结认为申请表上的问题"曾经有过在某岗位上被解雇/被拒绝续约的经历吗"意义含糊不清,而且基于上面提到的原因,一个理性的申请者读到这个问题时可能将它理解为是否因故被解雇以及/或者被拒绝续约,而贝内克里提斯先生正是这样理解这个问题的。

　　本案适合运用词典学和语义学对其进行语言学分析。索兰(1993,46)曾经对"以及/或者"这种结构语潜在的含糊性提出过警告,所以达灵顿学区本可以谨慎地避免使用像"被解雇/被拒绝续约"这样包含短斜线的短语。那些受委托起草合同的人也应该这样谨慎。

第六部分
商　标

167

保护产品名称

通常情况下，公司将为其产品选定一个名称或标语，在专利局登记注册，并在商业活动中使用该名称或标语。在此过程中，无论该公司多么谨慎小心，拥有类似名称或标语的另一家公司也会反对其使用该名称或标语，并威胁说要上诉，提出侵害了其商标权的主张，这种事情时有发生。

在此类案例中，关于语言学的法律问题可以概括为下列几个：商标是通用的、描述性的、提示性的、奇特的，还是随意的？通用商标和描述性商标难以受到保护，而奇特的商标和随意的商标则很少遭到质疑。证明某一名称是提示性的方法非常复杂。大多数商标之战都是关于某一商标是描述性的还是提示性的，但是，有时甚至一个通用的词语也会引起一场冲突。商标也包含语言学问题。相互竞争的商标听起来相同吗，看起来相同吗，它们的含义相同吗？仅以语言为依据，普通消费者可能会对相互竞争的产品是否是相同的产品或是否由同一制造商生产等问题感到困惑吗？资历较浅的商标使用者是否已淡化了商标的含义，而这样的方式会使资深的使用者遭受损害吗？语言学能否帮助判断资历较浅的使用者是否已淡化现有商标？

这些问题表明了语言学知识得以运用的领域。语言学家研究语言的声音，能够判断相互竞争的商标名称听起来是相同还是不同，甚至可以测量其相同或不同的程度。语言学家也研究语义学，解决名称或名称的某一部分是否在意思上相同这一问题。一些语言学家通过研究语言所提供的线索来解读某个信息可能具有的意图以及读者或听者对该信息的理解。语言学家也研究以书面形式表示的语言、语言的字符结构，以及在整体文件设计的背景中，文字的风格、形状和大小是如何影响信息的。

名称听起来相同吗？

人类的耳朵是令人惊异的器官。听觉能够使我们区分微小的语音差异，例如那些最小的词对——"pig"和"big"，"since"和"sense"，或者是"cod"和"cot"。但是，我们通常没有机会听到单独说出的词语，单独说出的词语会使最小差异更加明显，因此，语言学家研究的是使用声音的语音环境，而不仅仅是它们单独的表现。

除此之外，某些语音差异似乎比其他语音差异更加复杂。例如，当展示商标之间的差异时，语言学家有时使用一种称为区别性特征分析的方法来描述声音的所有声学特征，例如，浊音和清音的对比，产生声音的气流是穿过鼻腔还是口腔，声音的刺耳程度，声音是否有延伸的能力（像元音和"m"或"n"这样的辅音所表示的声音），还是突然停止（像字母"t"或"b"所表示的声音）。

就像深入地讨论语音差异那样，判断商标相似度的核心是确定商标听起来是否相似。外行可能认为它们听来是相似的，但是语言学家可以准确地告知法官或陪审团声音之间的相似或差异程度。

名称的意义相同吗？

"意义"是语言学知识的一个领域，通常不被大众所理解。事实上，人们有时使用"语义学"这一术语来嘲弄地表明不必要的诡辩或闪烁其词。但这并不是语言学家所要表达的语义学。对"意义"的语言学研究需要认真严肃以及科学谨慎的努力。如果意义可以指称任何事物，这就意味着词语和措辞在特定的语境中以一定的方式使用时，它们便具有一定的意义。词典可以有所帮助，但是，不可否认的是它们不能描述可以使用某一词语及该词语所有可能意义的一切潜在语境。同义词、下义词和反义词也开始出现，更不用说一词多义（一个词语有不止一个意义）以及同音异义（一个词语有两个以上或更多的不同书面表示）等问题。语义变化在商标纠纷中也可以是一个重要的问题，因为某一时间点上的词语意义可能随着时间的推移而改变。

对意义的探究也涉及语用意义，即字典定义之外的意义。语用意义与要传达的意义相关，通常间接地由语境来揭示。正式、亲密和礼貌的标准也可以对读者和听者产生影响。

169

近几年，越来越多的商标律师在商标纠纷案件中开始寻求语言学家的帮助。《商标纠纷中的语言之战》（*Linguistic Battles in Trademark Disputes*，Shuy 2002）一书描述了在许多此类案件中法律和语言学是如何通力合作的。该书中已经讨论过的案例在以下各章也有论述，但是是以不同的方式进行的，并且论述得更加详细。

关于商标名称的淡化，语言必须说些什么？

1995 年《兰哈姆法》（Lanham Act）的一个新内容，即《联邦商标淡化法》（Federal Trademark Dilution Act）通过了，该法规定了一个新的诉讼事由，即淡化。该法案中对淡化的定义如下：

> 削弱某著名商标鉴别和区分产品或服务的能力，无论以下事项存在与否：①该著名商标所有人与其他人的竞争，或②混淆、错误或欺骗的可能性。（15 U. S. C. 1127）

除了"著名"，该法案还使用了像"玷污"（blurring）、"败坏"（tarnishment）以及"贬损"（disparagement）等词语，当然也没有明确地给它们下定义。尽管在商标案件中通常不会涉及淡化，但是一旦发生此类案件，语言学分析的作用似乎很受重视。例如，语言学家几十年的研究成果，即意义随时间的推移而变化（特殊化、改进、转变、一般化）具有一定的相关性。另一种语言学的作用就是确定是谁首先挑起淡化过程的，因为实际情况可能是原告开始进行淡化的。在麦当劳诉精品国际酒店（*McDonalds v. Quality Inns International*，shuy 2002）一案中，关于前缀"Mc-"意义的纠纷所指出的就是这种情况。在确定意义时，社会语言学家通常研究语境。生活中

很少存在单独出现的词语，除非，例如，在拼写比赛，购物清 　170
单以及分析商标名称中。语言学家在语境中研究意义。一词多
义是语言学可以帮助确定淡化的又一领域。在英语以及其他语
言中，同一词语可以有不止一个公认的所指对象。存在两个相
同的商标本身并不能保证消费者会觉察到其中一个商标正在淡
化另一个。

以下是有关商标及语言的资料，供语言学家参考：

Beebe, Barton. 2004. A semiotic analysis of trademark law. *U. C. L. A. Law Review* 51: 621.

Blackett, Tom. 1998. *Trademarks*. Houndmills: Macmillan.

Gilson, Jerome, and Anne Gilson Lalonde. 1999. *Trademark Protection and Practice*. Cumulative Supplement. Vols. 1 and 3. New York: Matthew Bender.

Ladas, Stephen P. 1975. *Patents, Trademarks and Related Rights: National and International Protection*. Vol. 2. Cambridge: Harvard University Press.

McCarthy, Thomas. 1997. *McCarthy on Trademarks and Unfair Competition*. 4th ed. Vols. 3 and 4. St. Paul, Minn.: West Group.

Shuy, Roger W. 2002. *Linguistic Battles in Trademark Disputes*. Houndmills: Palgrave Macmillan.

Swann, Jerre B. Dilution redefined for the year 2000. *Trademark Reporter* 92: 585~625.

171 # 第十六章 "Wood Roasted" 一词的所有权

伍德罗斯特系统诉餐厅无限公司
(*Woodroast Systems v. Restaurants Unlimited*) *

1992 年 1 月，原告伍德罗斯特系统（Shelly's Woodroast）对在明尼苏达州提供餐厅服务的餐厅无限公司（Restaurant Unlimited）提起诉讼，主张该公司侵犯其服务商标权，进行不正当竞争以及欺诈商业行为。伍德罗斯声称，餐厅无限公司使用"Woodroast"、"The Original Shelly's Woodroast and Design"和"Original Woodroast Cooking and Design"等商标，在公众中产生了强烈的衍生意义。它诉称该公司的帕罗米诺餐馆（Palomino Euro-Metro Bistro）在菜单和广告中使用了"wood roasted"一词，并且认为这种行为是故意侵犯伍德罗斯特的商标。此外，它声称不知道其他餐馆在菜单中也使用了"wood roasted"这一词语。在帕罗米诺餐馆申请简易判决（Summary judgement）后，法官裁定：关于"Woodroast"是否是通用的以及消费者是否会混淆等问题属于未决定的关键性事实问题。

---

* 民法案例卷宗号 No. 4 - 92 - 65. 明尼苏达州，明尼阿波利斯，明尼苏达第四地区法院，联邦地区法院（U. S. District Court, Fourth District of Minnesota, Minneapolis, Minnesota）本案的简写版见舒伊的书（Shuy, 2002），81～94。

之后这一案件逐渐进入审判程序，被告律师寻求本人的帮助。

资料

为了确定某一词语的使用方法、意义以及变化方式，人们可以尝试去找大型资料库，根据该资料库得出结论。我找出了一些含有"wood roasted"、"wood roasting"以及"woodroast"等词语的餐馆名称和菜单，也检验了这些词语在媒体上、在本案 Woodroast 方证人书面证词中以及"wood-roast"和"wood roasted"变体的字典条目中的用法。　172

餐馆名称

除了 Shelly's Woodroast 以外，我们在美国找出另外 5 个餐馆，在它们的名称中也含有"wood roasted"这一短语：

Cluckers Wood Roasted Chicken

Henpecker's Wood Roasted Chicken

Rollo Pollo Wood Roasted Chicken

Kenny Rogers' Roasters Wood Roasted Chicken

Red Hot Hen's Wood Roasted Chicken

在其名称中使用"woodroast"这一变体的唯一餐馆就是 Shelly's Woodroast 餐馆。

餐馆菜单项目

Shelly's Woodroast 的菜单以其餐馆及其烹饪风格的历史性描述为开始，如例 16.1 所示：

例 16.1

独创的木头烘烤烹饪（Original Woodroast Cooking）是什么？

简单地说，独创的木头烘烤烹饪是一种有特色的烹饪新风格，起源于美国北部森林乡村，那里是美国与加拿大接壤处，在那里猎物、渔业和家禽丰富充裕，此外，丰盛自然的烹饪既是一种传统，也是一门受到高度尊重的艺术。

顾名思义，木头烘烤是一种烹饪肉、鱼以及家禽的方式，它们在燃烧着木头的烤箱中慢慢地烘烤。我们独特的、拥有专利的烤箱是特别为木头烘烤烹饪而制作的，它释放出精心挑选的木头组合的芬芳成分，烤箱中木头环绕着每一道佳肴，使其纯熟，为其提供热度。烘烤出的食物无与伦比地鲜美多汁、肥而不腻。

但是，木头烧烤是非常缓慢的烘烤，而且每一道菜肴在烹饪开始5天左右还要在多种香草和调味品组成的特殊调味汁中浸泡48小时。然后，在烹饪期间，还要不断地在食物上涂上更多的卤汁以及调味品，加少许独特的调料，始终保持食物湿润。

终于，这种精心挑选的香草和调味品的独特混合，腌泡汁，木头的芬芳，缓慢的烘烤，以及对自然精华的信奉共同创造出 Woodroast，一种美国烹饪的全新非凡风格——柔嫩、可口并充满北部森林的精华。

所有人：谢利·雅各布（Shelly Jacobs）（书面签名）

在这一历史性介绍之后，才是 Shelly 的菜单（例 16.2），包括下列含有 "Woodroast" 一词的项目。在这个全天菜单中共有72个食品项目。种类、大小以及样式都尽量展现独创性。

EXAMPLE 16. 2

Sunday Bruch at the Lodge

Woodroast Salmon, Scrambled Eggs & Onions

Bruch Just for Kids

Fresh toast from the griddle with REAL maple syrup, a strip of Woodroast bacon, lodge potatoes and fresh fruit

Dinners

Woodroast Salmon Fillet with Herbs

Servied with our fresh country sauce

Brunch Extras

Woodroast thick sliced Bacon (4 slabs)

Starters

Take the edge off your hunger and enjoy one of our northwoods appetizers. Each is freshly prepared and uniquely Woodroast.

Basket of Mint Salmon Patties

Woodroast Salmon

Combination Lunch   174

Sandwich choices

Woodroast Chicken Breast

Sandwiches

Bacon and Cheeseburger

···*thick heaps of Woodroast bacon*

Dinners

Woodroast Salmon Fillet with Herbs

Salmon Patties

Woodroast salmon, green onions, herbs and spices, pan fried to a crispy golden brown with Lodge potatoes

例 16.2

乡间小屋的周日早午餐

木头烤鲑鱼、炒蛋、洋葱

儿童早午餐

纯正的槭树汁烘焙出的新鲜吐司，木头烤熏肉，农家马铃和新鲜水果

主餐

香草木头烤鲑鱼肉片

提供新鲜的农家酱汁

早午餐附加品

木头烤加厚熏肉片（4 片）

开胃菜

为了解您腹中之饥，请您享用我们北部森林的开胃菜。每一道都是新鲜配制的，都是独一无二的 Woodroast。

一篮薄荷鲑鱼饼

木头烤鲑鱼

午餐组合

各种各样的三明治

木头烤鸡胸肉

三明治

熏肉和奶酪汉堡包

… 加厚木头烤熏肉片

主餐

香草木头烤鲑鱼肉片

鲑鱼饼

木头烤鲑鱼、青洋葱、香草和调味品、平底锅煎炸的金黄色香脆农家马铃薯

上述菜单表明，Shelly's Woodroast 菜单上的 72 个项目中有 9 个使用了"Woodroast"一词。比较起来，被告帕罗米诺餐馆含有 19 个项目的菜单中以不同排列方式含有"roast"一词：

SIDE PLATES
    WOOD ROASTED VEGETABLES
OAK FIRED PIZZA
    SPIT ROASTED CHICKEN PIZZA
WOOD ROASTED SEAFOOD
    WOOD OVEN ROASTED PRAWNS
小盘
    木头烤蔬菜
橡树烤披萨
    叉烤鸡肉披萨
木头烧烤海味
    木制烤炉烤大虾

上述菜单表明，含有 19 道菜肴的帕罗米诺餐馆的菜单上，有 2 项是"wood"和"roasted"的组合，还有一项使用了"spit"和"roasted"。

由于除被告外，原告表示他们不知道任何其他餐馆也使用他们认为是受保护的术语，本人也搜索了美国其他餐馆的菜单，以确定这一词语被广泛地使用的程度。以下是本人找到的信息：

罗洛波洛（Rollo Pollo）餐馆将其全部鸡肉菜肴描绘成"Wood Roasted Chicken"。

肯尼·罗杰斯的烧烤者（Kenny Rogers' Roasters'）菜单以

"Wood·Roaste·Chicken" 开始。

175　　　吉莱波里（Gira Polli）餐馆菜单开始就声称："吉莱波里永远以首次引入美国最好的木头烧烤鸡肉（wood-fired 'rotisserie' roasted chicken）而感到自豪！"在其菜单上有"吉莱波里特色菜：美味的木头烤鸡半只加巴勒莫（Palermo）马铃薯、新鲜农家沙拉以及新鲜蔬菜和饭团"。此菜单上还列有"电转木头烤鸡（Wood Roasted Rotisserie Chicken）"和"电转木头烤火鸡大餐（Wood Roasted Rotisserie Turkey Dinners）"，包括"片状木头烤火鸡（Sliced Wood Roasted Turkey）"和"完整木头烤火鸡（Whole Wood Roasted Turkey）"大餐。该餐馆还提供"木头烤火鸡 Wood roasted turkey"及"木头烤火鸡和腊肠（Wood Roasted Turkey Bratwurst）"三明治、"木头烤鸡沙滩礼盒（wood roasted chicken beach boxes）"，以及含有"木头烤鸡肉块（chunks of wood roasted chicken）"的沙拉。儿童菜单也有"木头烤火鸡（wood roasted turkey）"。

另一家名为三只红公鸡（Three Red Roosters）的餐馆声称"用我们独特的木制烤炉烘烤的木头电烤鸡肉和火鸡（wood rotisserie [sic] chicken and turkey...flamed on our wood flamed rotisserie [sic]）"为特色。

图塔珀斯多餐馆（Tuttaposto restaurant）菜单上的特色菜是"木头烤脆鱼三明治"（Woodroasted crispy fish sandwich）"，"木头烤西西里海鲜香肠（Woodroasted Sicilian seafood sausage）"，"木头烤土豆石斑鱼（Woodroasted grouper with potatoes）"，"叉烤半只鸡（Spit roasted half chicken）"，"木头烤石斑鱼（Woodroasted grouper）"和"叉烤半只鸡（Spit roasted half chicken）"。

波士顿毕巴食品餐厅（Boston's Biba Food Hall restaurant）列有"木板烘烤鲑鱼……胡椒中的木头烘烤（Planked salmon… wood roasted in pepper）"。

客拉客斯餐馆（Cluckers restaurant）以"我们著名的木头烤鸡（Our Famous Wood Roasted Chicken）"为特色。

位于圣巴巴拉市（Santa Barbara）的酒店论坛（Hotel Forum）的菜单上列有"烤小牛腰肉：木头烤辣椒……（Roast loin of veal：wood-roasted pimentos…）"。

位于芝加哥的杰克斯餐馆（Jaxx restaurant）的菜单上列有"木头烤鲟鱼（Wood Roasted Sturgeon）"和"木头烤牛上肋（Wood-Roasted Prime Rib of Beef）"。

位于纽约市的佐伊餐馆（Zoe restaurant）提供"木头烤蔬菜（Wood-Roasted Vegetables）"。

媒体使用率

本人用现有的餐馆名称和菜单的信息进行了一次电子搜索，在此过程中，从国家和地方报纸及商业杂志上找到了37篇使用了"wood roast"的普通名词变体的文章。这些文章大都是餐馆评论：

Los Angeles Times，8/2/90："Belmonte's six page menu lists…wood-roasted leg of lamb."

Nation's Restaurant News，8/7/89："Biba's（Boston）menu… features wood-roasted aromatic chicken, prepared in a wood-burning hearth."

Boston Globe，9/14/89："The marvelous wood roasted swordfish is prepared for two."

Boston Globe, 6/29/00："I also fondly recall a marvelous wood-roasted swordfish prepared for two."

Los Angeles Times, 5/24/90："…a jar of wood-roasted artichoke hearts from France."

San Francisco Chronicle, 9/2/90（re：menu for a benefit）："…olive wood-roasted almond…"

Miami Herald, 1/31/90："Cluckers restaurant…serving up wood-roasted chicken…"

San Francisco Chronicle, 2/22/89："Girapoli…serves takeout chickens（quarters, halves or whole）wood-roasted in a special rotisserie oven."

Restaurant Business, 5/20/88："'Oak-wood-roasted chicken is our best seller', says Darid Schy, the chef at Hat Dance…in Chicago."

Restaurant Business, 6/10/88："The mest popular entree, wood-roasted chicken."

Restaurant Business, 11/20/89："While Schy slips in wood-roasted tongue with Veracruz sauce as a special occasionally…"

Chicago Tribune, 12/29/89："Upscale Mexican…with wood-roasted chicken and other items."

MplsStPaul, February 1992："From the wood-roasted-seafood category, we ordered rainbow trout…"

Business Journal Milwaukee, 12/3 – 9/90："Among the lunch menu offerings are…wood-roasted chicken."

Miami Herald, 8/12/91："Featuring wood roasted chicken dishes priced at…"

Miami Herald, 11/14/91: "The wood-roasted chicken business has given a boost to the moist towelette industry..."

Chicago Tribune, 8/17/90: "Most of Peterson's entrees are wood-roasted or wood-grilled. "

Chicago Tribune, 10/4/00: "...but overall it's American regional, with particular emphasis in wood-grilled and wood-roasted meats..."

St. Louis Post-Dispatch, 6/13/91: "Said 1971 Miss America Phyllis George, Roasters will offer wood-roasted chicken with up to five vegetables. "

Miami Herald, 9/1/91, "The eat-in or take-out restaurants, specializing in wood-roasted rotisserie chicken marinated in citrus juices..."

Los Angeles Times, 11/13/88: "We'll do lots of wood-roasted fish and fowl. "

Chicago Tribune, 11/16/90: "A hefty fillet of wood-roasted salmon emerges, perfectly smooth and moist..."   177

Seattle Times, 11/22/91: "Wood-roasting ovens, Pike Place Ale, under $10 menu. "

Washington Post, 10/11/89: "...the evocative smokiness of wood-roasted peppers and meats, but in elegant guises. "

Chicago Tribune, 2/5/88: "Popular sellers have been...wood-roasted chicken and pork chops adobado. "

Seattle Times, 1/7/91: "Wood roasting was the beginning of all cooking, the message at Sharp's Fresh Roasting in SeaTac..."

Nation's Restaurant News, 5/2/88: "Woodroasting is a method of slowly roasting meats, poultry and fish in wood burning ovens. "

New York Times, 11/16/88 (re: Shelly's Woodroast): "Fresh dishes (about $ 8) include wood-roasted trout and salmon. "

Nation's Restaurant News, 5/13/91: "When the fuel is hardwood instead of gas or electricity, the diner is informed that the item has been wood-roasted. And if the customer has not gotten the point, some foods are listed as oven-roasted. "

Chicago Tribune, 2/8/91: "... menu that includes ... oven-roasted snapper...and wood-roasted snapper. "

Nation's Restaurant News, 3/4/91: "It introduced customers to the woodburning pizza oven...menu includes...wood-roasted pheasant. "

Entrepreneur, August 1989: "You spend the next four years perfecting a form of cooking called woodroasting. "

Chicago Tribune, 12/6 ~ 12/91: "The same chips serve as a crust for a wood-roasted snapper ... the seafood sausage here is wood-roasted in a cast-iron pan. "

Seattle Times, 12/12/90: "If price is no object, put together an hors d'oeuvre basket including ... wood-roasted wild mushrooms. "

Midwest Living, June 1989: "A type of wood roasting food preparation is woodroasting a la Shelly. "

Skyway News, February 1988 (article about Shelly's Woo-droast): "a distinctive style of cooking ...it was time to

test woodroast cooking on the public...Fillings include...
woodroast sausage...woodroast trout. ”

Restaurateur, Spring 1988（article about Shelly's Woodroast）：
"The brewmaster there produces Woodroast's private labels. ”

St. Paul Pioneer Press Dispatch, 1/14/89（article about Shelly's Woodroast）: "The herb blends used in the Woodroast's marinades..."

Twin Cities Reader, 12/16/87 （article about Shelly's Woodroast）: "...and serve his woodroasted victuals in a north woods log cabin setting. ”

字典条目

178

对《牛津英语词典》等所有主要已出版字典的调查显示："woodroast"、"wood-roasted"和"woodroasting"并没有作为字典条目出现过。复合词中的第二个元素"-roasted"被记载在《韦氏国际字典》第二版中，并附下列范例："dry-roasted"、"twice-roasted"、"sweet-roasted"和"well-roasted"。在《韦氏国际字典》第三版中除了"sweet-roasted"外，其余全部删除。

宣誓证词

1992年，谢利·雅各布斯宣誓作证并接受询问：

问：当"wood roasted"这一词语用于餐厅食物烹饪的相关领域时，有没有哪种情况是你不会反对的？

答：有。

问：是什么？

答：如果它是一个形容词，嗯，如果食物被描述成

"wood-roasted to perfection"（绝对完美的木头烘烤），而不是作为食物的一种实际风格。所以说，如果它被用作一个描述性的词语而不是名词时，我不会反对。

在同一次作证中，随后发生下列对话：

问：所以你在本案中的主张并没有延伸到在准备食品的过程中使用柴火？

答：我对此并没有异议。

————

问：词语的选择对你描述为 "Original Woodroast Cooking"（原创木头烘烤烹饪）的概念重要吗？

答：不是主要因素。

问：好吧。你认为主要因素是什么呢？

答：……我们低温烹饪。我们使烤炉自然地对流传热，从而使热气来回流动。我们引入湿气和木柴。这些才是我们所做的重要因素。

————

问：除了 roasted（烘烤的），你能以其他任何方式来描述明尼阿波利斯（Minneapolis）的帕罗米诺餐馆所烹饪的食物及其所使用的方法吗？

答：可以。

问：你会使用什么词语？

答：我会更明确地将那种烹饪方式归为 rotisserie cooking（烤肉架烹饪）。

————

问：过去你也会对那些你发现使用 "wood roasted" 这一词组的餐馆提出异议吗？

答：如果他们错误地使用，我也反对……如果他们将它作为一个名词来使用，我就反对。如果作为一个形容词来使用，我就不反对。

问：所以如果某人将"wood-roasted chicken"作为一个形容词，你会反对吗？

答：对于我来说，"wood-roasted chicken"并不是一个形容词。如果他们说"chicken wood roasted"，这样在我看来是一个形容词。如果他们是在描述一个烹饪过程，那么我不会对此有任何异议。但如果他们将它作为一个名称来使用并大写，我会反对。

问：作为一个形容词，这是什么意思？

答：如果他们将其置于食物名称的后面，作为描述性词语，如果他们说"chicken wood-roasted to perfection"，我对此没有异议。……如果他们以此给其菜肴命名并将"W"大写，并称其菜肴为"Wood Roasted"或"Woodroast Chicken"，对此我就会反对。

问：如果"woodroast"一词或"wood roasted"词组作为某一条目名称的一部分使用时，你也会反对吗？

答：如果"Woodroast"被用为名称，我当然会坚决地反对。"Wood Roasted"也是一样。我当然会坚决地反对，尤其是当它们将食品名称首字母大写的时候。

180

————

问：除了在某食品名称之前大写"W"和"R"外，对此词组的任何其他使用方式，你反对吗？

答：我不反对。

————

问："woodroast"这一词语出自哪里？

答：我创造的。……这是我想到的最能充分地描述我独特烹饪风格的词语。

问：它是基于"wood"和"roast"两词吗？

答：是的。

问：为什么你认为它可以充分地描述你的烹饪风格？

答：我们在燃烧着木柴的烤炉里烘烤木头。

问：你曾看过使用"wood roasted"这一词组来描述某食品吗？

答：从未看过。"wood roasted"是我创造的。

1993年10月，在谢利·雅各布斯第二次宣誓作证时，要求给木头烘烤食品（wood-roasted food）下定义，请看下列对话：

问：你认为什么是木头烘烤食品（wood-roasted food）？

答：唯一的木头烘烤食品（wood-roasted food）就是出自谢利的木头烘烤餐馆（Shelly's Woodroast restaurant）专门、原创地用木头烘烤烹饪（Original Woodroast Cooking）的食品，谢利餐馆对此享有专利权。

问：那么其他任何用柴火（a wood fire）烹饪出的食品就不是木头烘烤的（wood-roasted）吗？

答：不符合我的术语，不是。

问：例如，如果在坎农弗斯野（Cannon Falls）营地，我升起火并在火上烤肉，你不认为那就是木头烘烤（wood-roasted）吗？

181　答：你想怎么称呼就怎么称呼。只是当你公开地称其为木头烘烤（wood-roasted）时，对于我来说意义就完全不同了。

在同一次作证中，随后雅各布斯被问到：

问：所以你在本案中的主张并没有延伸到准备木柴或使用柴火烹饪食物的过程？

答：我对此并没有异议。

雷纳托·里奇奥（Renato Riccio）是位于达拉斯（Dallas）市雷纳托特色产品有限公司（Renato Specialty Products, Inc.）的董事长，作为辩方的专家证人出庭。他证明他的公司专门制造燃木烹饪设备，如电转烤肉架（rotisseries）、炭烤机（charbroilers）和砖炉（brick ovens）等。而且，在过去 10 年间，他已经将产品销售到一百多家不同的餐饮企业。他证明"wood-roasted"是此行业及其顾客鉴定柴火烘烤的电转烤肉架上食物最常用的术语。他的公司一直使用"wood-roasted"这一术语来描述这样的过程。他还说，"如果不使用 wood-roasted 这一词语来鉴定他们用木柴烘烤出的食物，这真的很愚蠢"。

语言学分析

三类"roast"在"wood"之后出现的用法出现在这一数据库：餐馆名称，菜单项目描述和烹饪方法描述。

我们在数据库所引用的餐馆名称中找出 5 家餐馆，它们的名称中均含有"wood roasted"一词：Cluckers Wood Roasted Chicken, Henpecker's Wood Roasted Chicken, Rollo Pollo Wood Roasted Chicken 和 Red Hot Hen's Wood Roasted Chicken。这些餐馆都将"Wood"和"Roasted"分开，只有 Shelly's Woodroast 将它们组成一个词语。

数据库所引用的菜单项目中包括大约 38 个不同的主菜项目，它们均以"wood roasted"为修饰。

"Woodroast cooking" 在 Shelly's Woodroast 的菜单上被描述为一种食品制作的新风格。此菜单也表明，"Woodroast，顾名思义，是一种烹饪方法，肉、鱼和家禽在燃烧着木柴的烤箱里慢慢地烘烤"。1989 年 8 月《企业家》（*Entrepreneur*）杂志将woodroasting 称为"一种烹饪形式"。1988 年 5 月 2 日《国家餐馆》（*Nation's Restaurant*）称其为"在木头燃烧的特殊烤炉中缓慢烘烤（roasting）肉、家禽肉和鱼肉的方法"。1989 年 6 月《中西部生活》（*Midwest Living*）提到"woodroasting a la Shelly"，表明一种 wood-roasting 是一种食品烹饪的方法。1988 年 2 月《天顺新闻》（*Skyway News*）称 wood-roasting 为"一种烹饪风格"，包括在调味汁中浸泡和缓慢地烘烤。1991 年 9 月 7 日《西雅图时报》（*Seattle Times*）声明"wood roasting 是一切烹饪的开端"。1991 年 5 月 13 日《国家餐馆新闻》（*Nation's Restaurant News*）上的一篇文章笼统地描述了烘烤（roasting），着重说明餐馆提供木头烘烤（woodroasting）是当下流行的趋势。

在有关餐馆和食品的媒体文章以及特定餐馆菜单和广告中，大约 90 例将"wood-roasted"或"wood roasting"作为普通名词使用，而非专有名词。

为了确定在某语言中某特定词语的意义和地位，语言学家要在自然发生的语境中检验这些词语的使用情况，包括在口语中和在书面语中的使用情况。此处争论的焦点是我们的语言如何证明所表达的意义。例如，《牛津英语字典》收集、引用文学上的用法，创建了这本不朽字典中的定义。其他比较新近的字典，如《韦氏大学字典》和《桑代克－巴恩哈特字典》（*Thorndike-Barnhart Dictionary*）编制大量引用文件，无论这些文件实际上是否在定义条目中被引用，字典定义都以此为根据。这种做法被视为良好的、科学的词典编纂程序。由于语言在不断变化，尤其是在意义方面，词典编纂人必须保持警惕，与时俱进，将新的词义纳入字典的新版本中。

某些语言学原则在发现、描述和定义词语意义等方面起着很大的作用。如"组合"原则，根据该原则将一个名词如"air"（空气）和另一个名词如"line"（线路）并置而形成一个新的复合词"airline"（航线）。在这种情况下，词素"air"从名词性功能转变为形容词性功能，修饰"line"这一结构。然而，新词语的形成并没有阻碍原来词语的继续使用，它们还是以组合发生前的方式被使用着。

从历史上看，英语语言偏爱将两个常用的词语组合成一个词语，以此表示一个较新的概念，或者满足对一个旧概念重新进行描述的需要。这一过程以两个表示不同意思的词语为起点。有时，两个独立的词语可能组合成一个词语，并且在中间阶段，此复合词也许会由两个词之间的连字符连接起来。由于语言创新，包括新词语的产生，都可能使创新者受到批评，所以不太有把握的作者有时会在新复合词的两个元素间加一个连字符，以示其新意。

在本案中，名词"wood"（木头）和另一个名词"roast"（烘烤）组合起来，形成一个复合词，创造出 Shelly's Woodroast 中的"Woodroast"这个名称。然而，这个词的创造并不能消除 Woodroast 这个词中两个词素的传统用法和意义。在此数据库中，"Woodroast"作为一个专有名词，仅存在于有关 Shelly's Woodroast restaurant 的文章和该餐馆的菜单条目中，如"Woodroast Salmon"、"Woodroast cooking"和"Woodroast sauce"。这些引用表明 Woodroast 对鲑鱼、烹饪和酱汁的风格拥有所有权，而不是对烹饪鲑鱼或酱汁的方法拥有所有权。这

183

个分析得到了 1987 年 12 月 16 日《双城读者》（*Twin Cities Reader*）中有关所有格引用的支撑，"*Wood-roast's ribs*"表明属于 *Woodroast* 的排骨，而不是一种烹饪方法。

复合词一旦形成，第一个元素的语法功能将从名词转换成形容词。因此"railroad"（铁路）中的"rail"（铁轨）修饰"road"（路），"cowboy"（牛仔）中的"cow"（牛）修饰"boy"（男孩）。在所有情况下，第一个元素都是描述某一类第二个元素。

"wood roasted"这一短语的全部引用，除了那些有关 Shelly's Woodroast restaurant 的之外，其余都用作动词性的修饰语（如"wood roasting"）或形容词性的修饰语（如"wood-roasted chicken"），并没有表明产品或烹饪风格的所有权，只表示烹饪的方法。因此，帕罗米诺餐馆菜单上所列的"wood-roasted stromboli"，说明 stromboli 是如何烹制的，还有"spit-roasted pork loin"也表明烹饪上的一种不同变化。

该数据库包含的是这个国家不同区域的 13 个餐馆的菜单和菜单广告。除了 Shelly's Woodroast 外，其余所有菜单都将"wood"一词单独地放在前面，然后使用"roast"＋"ed"形式。也就是说，除 shelly's 餐馆的菜单外，其余所有餐馆菜单都使用"roasted"来描述烹饪的方式，且使用"wood"表示燃料，以此进行烹饪。"-ed"这一后缀使"wood-roasted"不同于"Woodroast"。前者是一个动态过程，不同于"Woodroast"所表示的一个更加静止的状态。"Woodroast"是一种类型、状态和风格。相反，"Wood-roasted"表示一个过程、一种行为，即烘烤，在其修饰语"wood"的帮助下得以发生。

菜单项目分析显示了每个项目描述的句子结构，该句子结构用下面的表格来表示。表格中唯一一个强制性空位就是食物项目名称本身，如果没有该空位，菜单就没有任何意义了。在以下 5 个有代表性的菜单的分析中，＋号表示强制性空位，＋／－号表示选择性空位。

184

	Slot 1 +/- Self congratulation	Slot 2 +/- method of Cooking	Slot 3 +/- style of food	Slot 4 +/- food item	Slot 5 +/- serving modification
Palomino	none	iron grill	italian	ham	sandwich
	none	grilled	none	chicken	sandwich
	none	wood roasted	none	stromboli	none
Biba	our famous	wood roasted	none	planked salmon	none
Cluckers	our famous	wood roasted	none	chicken	none
Tuttaposto	none	Wood roasted	Sicilian	seafood sausage	none
Woodroast	none	none	Woodroast	chicken	none

	空位 1+/- 自夸	空位 2+/- 烹饪方法	空位 3+/- 食品风格	空位 4+/- 食品项目	空位 5+/- 服务调整
帕罗米诺	无	铁架烧烤	意大利	火腿	三明治
	无	烧烤	无	鸡肉	三明治
	无	木头烘烤	无	意大利馅卷	无
毕 巴	我们著名的	木头烘烤	无	鲑鱼肉厚片	无
客拉客斯	我们著名的	木头烘烤	无	鸡肉	无
图塔珀斯多	无	木头烘烤	西西里岛	海鲜腊肠	无
Woodroast	无	无	木头烘烤	鸡肉	无

上述句法表格的任何变化即使不荒谬可笑，也会含糊不清。例如，"铁架烧烤三明治火腿（iron grill sandwich ham）"虽然还有些意义，但非常令人困惑。烹饪方法也是如此，比如，把 wood-roasted 放在食品项目之后的空位上，所形成的短语就会引人发问，即"在什么东西里用木头烧烤（wood-roasted in what）"？尽管在英语中描述性形容词可以被置于其所修饰的名词之后，但是更常见的用法还是将它们置于名词之前。

交际的核心原则是，尽量简明扼要并具有逻辑性（Grice 1975）。菜单项目中空位被填的内容越多，信息就越复杂，交际力越弱。根据该原则，在菜单项目中应尽量少用选择性空位，应该是：食物项目＋一个或多个最具描述性和显著性的空位。很明显，自夸空位具有较弱的凸显和描述能力。在其他几个空位中，烹饪方法和服务调整对于有效交际是至关重要的。然而，对于主菜来说，就不需要像"三明治"这样的服务调整了，主菜是无标记形式，由此烹饪方法是最无关紧要的选择性空位。

在交际过程中，信息量太小同样是个问题。就菜单而言，仅仅描述食物项目本身给读者提供的参考信息太少。一个仅标明"鸡肉"的菜单项目，根本无法使人联想到一道精心烹制的菜肴。

通过将"Woodroast"用作专有名词来说明烹饪的所有权或风格，Shelly's Woodroast 有效地将这个专有名词从烹饪方法空位转换到食品风格空位，即帕罗米诺菜单中"意大利"所在的位置，以及图塔珀斯多餐厅菜单中"西西里"所在的位置。在 Woodroast 餐馆菜单的历史陈述中，他们的表述证实了这一转换，他们表述是："Woodroast 是美国烹饪的一种非凡的新风格"。

其他餐馆的菜单用"wood-roasted"、"grilled"等词语来填充烹饪方法这一空位，而 Shelly's Woodroast 却让此空位空着。对自我描述和数据库中菜单进行的句法分析都清楚地表明，Shelly's Woodroast 并不是在描述其菜单中食物的烹饪方法，而是要表明 Woodroast 是一种属于 Shelly's Woodroast 的烹饪风格。

"wood-roasted"作为定义菜肴烹制方法的一个短语，其潜在信息来源就是谢利·雅各布斯本人。在 1993 年 4 月 13 日的证词中，雅各布斯先生说："如果他们将 wood-roasted 作为形容词使用，我不反对"。然而，他继续解释说："'Wood-roasted chicken'对我来说并不是一个形容词。如果有人用'chicken wood roasted'，这在我看来是形容词"。随后，雅各布斯先生补充道，"我不反对有人使用'wood-roasted'一词来描述他们烹饪的食品风格或食品项目"。当被问到"除了大写形式之外，如果某人在某食品项目名称之前使用了'wood-roasted'这一词语，你会反对吗"？雅各布斯先生的回答是："我不反对。"一方面，雅各布斯先生说他对"wood-roasted"一词的形容词用法没有任何异议；另一方面，雅各布斯先生否认了用在"chicken"前面的"wood-roasted"是形容词。而在另一个时刻，他认为自己并不反对在"wood-roasted"前面使用"chicken"一词。

发现、描述和定义词语意义的第二大原则是区分专有名词和普通名词。在书面文本中，专有名词需大写首字母，普通名词则不需要。在我们的数据库中，可辨别的有大写"W"形式的"Woodroasted"仅出现在那些专门谈 Shelly's Woodroast 的文章中，即使在这种情况下也不总是如此。1988 年 2 月 1 日《天顺新闻》（*Skyway News*）的一篇关于 Shelly's Woodroast 餐馆的文章提到 woodroast trout、sausage，and cooking（烤鳟鱼、香肠和烹饪）时就没有用大写形式。数据库中各种各样的菜单里常常会大写所有词语，或者大写每个词语的第一个字母。更重要的是，除了 Shelly's Woodroast 外，其他餐馆的菜单甚至根本没有使用过"woodroast"这一组合成一体的词语。从这一点我们可以很明显地看出，在所有菜单中，只有 Shelly's Woodroast 和有关该餐馆的媒体文章中将 Woodroast 用作专有名词。

发现、描述和定义词语意义的第三大原则是：随着时间的推移，词语的意义随历史而变迁。数据库所引用的文章和菜单表明，"wood-roasted"这一短语是一个新近的发展结果。为了检验这一结论，本人查阅了 7 本当代食谱。一般情况下，人们都将烘烤与家用烤箱、煤气或电动烹饪联系在一起，可能认为家里都装有这样的器具。按照《牛津英语字典》所载，"roast"这一动词至少从 1297 年起就已经出现在英语中了。这一字典还提供了在现代家用火炉和烤箱被发明之前的几个世纪中的许多其他引用。很明显，在现代时期以前，烘烤就是通过柴火或煤火完成的。因此，没有理由在那些早期的引用中标明烘烤的类型。只有近些年，因为出现了其他燃料，这种烧烤方式才需要明确标注为"wood-roasting"。在这种情况下，才需要创造出"wood-roasting"这一专业术语，使这种标记的烹饪方法区别于现在的通用无标记的 roasting 术语。

《韦氏大学词典》对动词"roast"（烘烤）定义如下：

1. 通过暴露在干热中（如在烤箱中或在火上）或通过热的余烬、沙子或石头围绕来烹饪。

《韦氏新世界词典》对动词"roast"（烘烤）的定义如下：

1. 最初，在明火上或在热灰烬中等烹饪（肉等）。

从这些定义中我们可以看出，尽管受到现代厨灶和烤箱的影响，但是烘烤仍然包括明火的方式。《韦氏新世界词典》中的定义进一步证实了这一结论，原始的无标记的烘烤形式是在明火上的烘烤，但是两个定义都没有排除用木柴作为烘烤的必要燃料。

发现、描述和定义词语意义的第四大原则是标点符号，这常常是出现新词情况的一个线索。将两个常用词项组合起来形成新词会有 3 种可能性：

（1）两个词语独立且连续地使用；

（2）两个词语由连字符连接在一起；

（3）两个词语结合成一个词语。

从旧词中创造出新词的过程很可能就是按照上述顺序进行的。商业航空服务刚开始时，像联合航空公司（United）和美国航空公司（American）等航空公司都首先自称为 Air Lines（航空公司），之后称 Air-lines（航空公司），最后变成 Airlines（航空公司）。在达到最后阶段之前，对于三种标点的不同使用是很正常的。在本案中，三种标点都出现了，但是通过连字符连接的"wood-roasted"是最常使用的形式。只有 Shelly's Woodroast 使用了合成为一个词的复合词形式。因此，对这一词语的标点分析可以得出的结论是："wood-roasted"就其印刷方式而言，仍然属于标点的不同使用形式，证实了其现代意义，即作为一种形容词形式，表明一种食品烹制方法。

发现、描述和定义词语意义的第五大原则就是填充语言中的词汇空缺原则。在语言某一特定的结构性位置缺少某一词语

187

称为词汇空缺。在语言结构的特定位置创造或插入特定词语，由词汇替换或词汇转换过程实现。因此，位于亚马逊（Amazon）的一个孤立部落第一次看到飞机时，便将其纳入自己的词汇中，称之为"fire canoe（火力独木舟）"。由于烹饪方式（煎、焙、烤、在烤架上烧烤等）的有限性和烹饪可用燃料（煤气、电、木柴、煤、微波等）的有限性，要对之前未曾标记的 wood roasting（木烤）进行标记，可供选择的现有词汇是非常有限的。如果想确定本案所争论的过程，那么就只能局限于"roasting"和"wood"这两个词，"roasting"这个词最恰当地描述了烹饪方法，"wood"这个词最贴切地描述了燃料。

为了证实这一点，本人查阅了《罗格同义词词典》（*Roget's Thesaurus*）并找出了一些可能替换"wood roasted"中"wood"的词语，而且推断出这些替换词语并不完全和"wood"一词相同，因为人们很容易从我们预想之外的方式去理解这些词。例如，"Firewood"（柴火）一词使人想起家里壁炉里的火，是用于供暖，而非烹饪。"Kindling wood"（引火木头）使人想到引火使用的木棍和碎木料，也和烹饪无关。"Logs"（原木）一词表明大块未修剪的任何木材，和烹饪相比更适合锯木厂。"Fagot"（柴捆）是木柴的一个古语表达法，其本义不太可能被认出。所以，唯一真正可用的描述性词语就是"wood"。

在"wood-roasted"这一短语中，"roasted"的可替换词也同样不能令人满意。"Heated"（热的）一词太宽泛，使人想到暖和，而不是烹饪。"Singed"（烧焦的）表示燃烧的或烹调过头的。"Burned"（燃烧的）一词有消极的含义。"Grilled"（炙烤的）、"broiled"（烧烤的）、"boiled"（煮熟的）、"fried"（油炸的）、"baked"（烘焙的）、"stewed"（炖煮的）、

"toasted"（面烘烤的）、"smoked"（熏制的）和"barbecued"（烧烤的）都不能描述为"roasting"的烹饪方法。唯一真正可用的描述性词语就是"roasted"。

　　根据调查所使用数据库中发现的实证依据，我的分析表明"wood roasted"、"wood roasting"和"wood-roasted"这三个词语是通用的或一般性的，且与一组所描述的行业普通概念的特点相关。在菜单上和那些未提及Shelly's Woodroast或烹饪方法以外的其他媒体文章中，这些术语被用作普通名词这一事实表明，这些词语是商业用语中的通用部分。

　　在任何现有词典的定义或条目中，本人找不到"wood roasted"、"wood roasting"或"wood-roasted"这些复合词，再一次表明这些词语的明显含义。这些词语的意义可以很轻松并明显地从其组成成分中推断出来，不像"coal roasted"（用煤炭烤的）需要进一步定义。此数据库自1988年起就将上述复合词的引用归为普通结构（不用作专有名词）。这并不是说1988年以前不使用这些词语，而是在之前数据库的引用中并没有显示。然而，显而易见的是，这些词语是非常现代化的。

　　本人的分析表明"wood-roasted"被定义为一种烹饪方法，以区别于被定义为一种烹饪风格的"Woodroast"。谢尔登·雅各布斯（Sheldon Jacobs）将两个普通词语组合在一起，形成一个新词语来表示自己的烹饪风格。创造"Woodroast"这一新词语并不能阻碍构成该词语的那两个词语继续、积极和正常地使用。在创造"gingerbread"（姜饼）一词很久以后，"ginger"（姜）和"bread"（饼）这两个词语仍然继续使用，并表示其原意。"Woodroast"一词也没有降低英语语言继续使用"wood"和"roasted"来描述一种烹饪食品的方法的能力。"wood roasted"、"wood-roasting"和"wood-roasted"这三个词语都是描述性的、通用的，可以在各种各样的语境中出现。目前，这些词语在语境中的使用方式不能支持 Shelly's Woodroast 对该词主张专用权。

与很多商标纠纷案件一样，本案也为我们收集语言实际使用的语料工作提供了机会。最近，电子搜索已经成为语言学分析的标准工具。只有基于这种语料库，才有可能描述词语形态形成的过程，以及这一过程随时间变化的情况。菜单项目的措词句法并不经常在语言学著作中讨论，但是菜单中选择性空位和强制性空位的顺序却是本案的关键所在，这表明"Woodroast"是一种食品风格，而不是一种烹饪方法。专有名词和普通名词之间的区别、标点符号的细节等比较简单的语言特征，在这类诉讼中有时会被忽视。而且，对于填补词汇空缺原则的把握通常也超出了律师的能力。

第十七章 防冻剂纠纷

189

沃伦配送诉百适通产品公司
(*Warren Distribution v. Prestone Products Corporation*) *

沃伦配送（Warren Distribution）是卡车以及其他大型车辆防冻剂产品的制造者，在 1993 年 3 月对百适通产品公司（Prestone Products）提起诉讼，声称百适通公司用于汽车和其他车辆的 LongLife 460 防冻剂侵犯了沃伦公司的注册商标为 LongLife 的防冻剂。沃伦指控百适通的新生产线将造成对产品来源的混淆或误解，即购买者很可能会以为百适通的产品是由沃伦公司生产的，或者两家公司在某些方面是有联系的，或者两种情况都有可能。

百适通在答辩状和反诉中主张，沃伦的"LongLife"仅仅是某类型或某种防冻剂／冷冻剂的一个普通的描述性名称，被认为可以延长汽车散热器的寿命和提高效率。百适通引用了美国材料试验学会（American Society for Testing Materials）近期所做的一个试验，该试验对"long-life 冷冻剂"进行了评估并决定这些产品应该含有有效期长于一个冬季的物质。百适通声

---

* 民法案例卷宗号：No. 8：CV 95–106. 内布拉斯加州，奥马哈，内布拉斯加地区，联邦地区法院（U. S. District Court, District of Nebraska, Omaha, Nebraka），本案的简写版见舒伊的书（Shuy, 2002, pp. 56~68）。

称美国材料试验学会的这一行为致使该行业可以将某一类防冻剂视为 "long-life 防冻剂"。因此，百适通推论顾客可能把 "long-life" 看作一个描述性的词语，甚至是一个通用的词语。据此，百适通认为，沃伦的 LongLife 这一名称不是一个受保护的商标。正是基于这一点，沃伦的律师请求语言学方面的帮助。1996 年 4 月，此案由陪审团参加审理。

190   **资料**

本案中双方所使用的资料都可以在字典条目、产品标签、新闻稿以及媒体引用中找到。

字典条目

"Long"

百适通引用了 1971 版《牛津英语词典缩印本》（*Compact Edition of the Oxford English Dictionary*）对 "Long" 的定义："Long：having a great extent in duration（长期的：有很长的持续时间）"。百适通从该词典中只选出这样一个定义，是值得注意的。《牛津英语词典》中没有被百适通引用的 "long" 的含义如下：

空间度量（spatial measure）

从一端到另一端的距离（extension from end to end）

指形状（reference to shape）

指酒（reference to liquor）

指顺序或空间上的扩展（reference to serial or spatial expansion）

暗含过多的持续时间（implication of excessive duration）

过高的期望（excessive expectation）

持续（性）（continuity）

时间上久远或遥远的时间点（distant or remote point in time）

语音学上的用法（phonetic usage）

连续（性）（continuity）

商业专用词（special terms of commerce）

百适通还从《韦氏大学词典》（第 10 版）中引用了形容词"long"的下列定义：

1. 延伸了相当远的距离……细长的；

2. 具体长度；

3. 延续了相当长一段时间……特定的时间延续；

4. 一系列中含有许多项目；

5. 一种语音：有相当长的持续时间；

6. 有能力达到或延伸一段相当远的距离；

7. 比基准更大或更长；

8. 远远地延伸到未来……超越所知道的范围；

9. 拥有高度的或大量的特定事物；

10. 对各方所下赌注的数量有超常程度的不同——悬殊；

11. 受好机会的影响；

12. 拥有或积累了股票或商品，尤其是提前预料价格。

191

"Life"

百适通也引用了 1971 版《牛津英语词典缩印本》中对"life"的定义："Life: the term or duration of an in animate thing; the time that a manufactured abject lasts（生命：无生命物质的期

限或持续时间；制造的物体的持续时间）"。

沃伦引用了 1989 年版《牛津英语词典》中所列出的"life"的 18 个主要含义：

1. 活着的或生存的状态或属性：有生命的感受。

2. （比喻的）用于表明权利、活动或快乐的状态，与夸张或比喻地设想出的"死亡"状态形成对比。

3. 有生命的存在（尤其是人类），被视为拥有已被死亡剥夺的东西。

4. 行动、思想或表达上的活力；感觉、举止或外观上的生机勃勃；生气、活泼、精神。

5. 活着的起源或源泉；赋予生命或使……有生气的原则；使某物活着或保持某物活着的原因（在各种意义上）；"灵魂"；"本质"。

6. 在各种各样具体应用中：生物，某人的家庭或家族，临时用法，生命力，或以具体形式体现的活动；总体上指代生物。

7. 现存的形式或模型；逼真的相似；与实物大小一样的形状或外观。

8. 就持续时间而论：（a）个人（体）在地球上有生命的存在被看作其持续时间；从生到死的一段时间；（b）终生：某人生命的剩余期限；（c）无生命物体的持续期限：制造的物体所持续的时间。

192   9. 人寿保险：考虑到某人生命将来可能持续的时间。

10. 在如同谚语的表达方式中，指生命的坚韧。

11. 在各种各样游戏中转换的用法（纸牌、板球）。

12. 活着的过程、状态或方式；构成个人（体）（尤其是人类）历史由生到死的一系列行为和事件。

13. 某人"一生"的书面记录；传记。

14. 和介词连用形成的短语，有"活着"的含义。

15. 生活（复数形式），用作表语，相当于活着、活着的人，生活。

16. 常规组合：生命活动、生命的气息、……非常有趣的生活、积极的生活态度……阴云密布的生活状态、忙于生计……被剥夺的生活、充满喜悦的生活……

17. 特殊组合：航海救难箭、安全带……

18. 一般用作单数，生命的……作为生命的结束。

沃伦也引用了《韦氏第三新国际字典》（*Webster's Third New International Dictionary*），该字典中含有 21 个关于"life"的解释：

1. 生物，维持动物和植物的生存，使其履行其功能，使动物区别于无生命物质的主要力量。

2. 存在的过程。

3. 传记。

4. 人类存在的现世状态以区别于死后的灵魂存在状态。

5. 个人（体）现世存在的持续时间。

6. 生活的方式或方法。

7. 对一个人来说某人如同存在般重要。

8. 某事被认为对于有生命的存在或对于生活非常重要。

9. 一个有活力的或有生命的存在。

10. 鼓励并通常倾向于决定某事发展进程的力量或原则。

11. 行动、思想或表达方面的精力和活力。

12. 某事实际存在的形式或模式。

13. 生命已被确保的人（如通过人寿保险政策）。

14. （a）某物在结构和功能方面保持类似于一个自然的有机体的持续时间；（b）某实物适于使用或可以有效地执行其功能的时间段；（c）存在的时间（如一个离子）——对比半衰期

15. 生活或环境。

16. 人类活动。

17. 鼓舞或振奋精神和活力的事物。

18. 给予一个可能要输之人的另一次机会或一个继续的机会。

19. 大写基督教科学派：上帝。

20. 与有生命的生命相似的事物。

21. 有意识的存在，应该是灵魂的性质或灵魂的本质和存在。

沃伦还引用了《韦氏大学词典》（第十版）中对"life"的 20 个定义，如下所示：

1. 使一个充满生机并有执行功能的存在区别于死尸的性质；

2. 组成个体存在的一系列身体和心理上的体验；

3. 传记；

4. 超越肉身死亡的精神存在；

5. 从生到死的时间段；

6. 活着的方式或方法；

7. 生计；

8. 一个充满生机或活着的存在；

9. 鼓舞和决定的力量或原理；

10. 精神、生气；

11. 某事物实际存在的形式或模式；

12. 某事物的持续时间，有用性或流行程度（手电筒电池的预计使用年限）；

13. 存在的时间（如亚原子粒子）—对比半衰期；

14. 无生命物质或者与生物的有生命性质相似的物体的性质（如弹力或弹性）；

15. 生物；

16. 人类活动、有生命的活动和运动；

17. 提供兴趣和活力的事物；

18. 继续生存的机会；

19. 基督教科学派：上帝；

20. 类似于有生命的存在。

"Long-lived"

194

百适通引用了《兰登书屋英语字典》（*Random House Dictionary of the English Language*）（第二版，1987 年）中对 "long-lived" 的定义是 "长寿的：有很长的寿命，存在时间或持续时间长"。

"Long-life"

双方都找不到有 "long-life" 在字典中的释义。

产品标签和备注

百适通公司包装桶上的标签

此标签与 1995 年商品型录中的照片和文本相似。字号和位置尽可能再现原版，在方括号中附有解释：

百适通［这是包装桶的图片］

LONGLIFE

460

［包装桶图片下的正文:］

行更远的路［用巨大的曲线字体］

介绍 PRESTONE® LONGLIFE 460 防冻剂／冷冻剂。

唯一保证 4 年或 60 000 英里保护的防冻剂。

我们销售的每加仑 PRES-TONE 防冻剂都是由比其他任何品牌更多的宣传，更多的促销和更多的顾客喜爱和支持的。我们只是每加仑给予多一点。

PRESTONE LONGLIFE 460 防冻剂采用先进的技术：是一种不含磷酸盐的防冻剂，其设计的宗旨是满足现今更忙碌、行驶的路程更多的顾客。它由广告宣传支持，这一宣传给无数目标顾客留下深刻印象，它还建立在 PRESTONE 忠实使用者的信任之上。

这就是为什么 PRESTONE LONGLIFE 460 作为一款超级延长寿命的防冻剂／制冷剂，可以作为采购的唯一选择的原因。

当你想购买延长使用寿命的防冻剂时，请选择每加仑可以行驶更多路程的防冻剂……

PRESTONE LONGLIFE 460!

195　　1993 年 10 月，百适通在《非食品推销》(*Non-Foods Merchandising*) 上的广告，

［百适通 LongLife 460 包装桶的图片］

[图片旁边的正文:]

百适通经久耐用(GET LONG LIFE WITH PRESTONE)

位于康涅迪格州丹伯里的第一品牌公司 (First Brands Corp., Danbury Conn.) 引进了全新百适通 LongLife 460 防冻剂 / 冷冻剂,该产品专门为冷却系统提供 4 年或 60 000 英里保障而定制。LongLife 460 还可以防止包括铝在内的任何冷却系统出现金属生锈和腐蚀现象。

如需更多信息,请拨打:**800 – 835 – 4523**。

ZEREX 公司包装桶上的标签示意如下:

EXTREME [向右上方倾斜印刷体]

防冻冷却剂

4/50

4 年

50 000 英里

保障

CAT(卡特彼勒牌防冻冷却剂)包装桶上的标签示意如下:

CAT   **Long Life** 冷却剂

防冻剂

196　　　　（沃伦的全资子公司）斯亚乐（Sierra）包装桶上的标签

SIERRA

防冻剂·冷却剂

比其他号称经久耐用的（long life）防冻剂持续更久的时间。

沃伦的 Longlife 防冻剂／冷却剂包装桶上的标签示意如下：

LONGLIFE

防冻剂·冷却剂

保护铝制和一切材质的引擎

警告：勿食有害，可能造成生命危险

请阅读后面标签上的警示信息。

1 加仑（3.78 升）

公司工程标准和规章

1994 年 12 月，通用汽车公司发布工程标准、材料和过程如下：

"经久耐用（LONG LIFE）汽车引擎冷却防冻剂浓缩液——乙二醇"……这种材料会非常有效地使金属免受锈蚀，它可以保护正常运行的系统行驶至少 100 000 英里。

1983 年 9 月 8 日沃尔沃（Volvo）防冻剂的技术规范如下：

目的：本技术规范明确说明试验材料的递送，以及有关新型经久耐用的（long-life）防冻剂化合物及对引擎冷却面积的腐蚀抑制作用的试验。

备忘录（Memos）

1995 年 8 月 15 日，西部德士古（Texaco Western）公司的会议记录。

地区总代理咨询委员会会议

此次会议还说明，新型金富力 Extended Life（延长使用寿命的）防冻剂将与当前百适通的定价一致。TLC 也说明，此新型金富力防冻剂，即所有 1996 年通用汽车工厂加注的防冻剂，将是最近几年的顶级产品，因为此防冻剂可以提供 5 年或 100 000 英里的保障。

1993 年 4 月 12 日，扬罗必凯公司（Young and Rubicam）纽约办事处的报告如下：

关于百适通的新型防冻剂应如何命名

为了回应 Zerex Extreme 的 "extended life" 防冻剂，我们的目标是集思广益地为百适通公司生产的 50 000 英里防冻剂想出名称……我们建议百适通公司新生产的防冻剂的名称应清晰并且充分地描述产品，如 longer-lasting（更持久的）防冻剂，但并不是仅仅传达一种全新的不同产品……因此，百适通应该考虑使用产品描述性语言来命名这一产品线延伸，如百适通 Lifetime 或百适通 50 000 英里防冻剂。

1995 年百适通 Longlife 460 行业杂志公告内容如下：

> 当你挑选延长使用寿命的（extended life）防冻剂时，就选
> 择每加仑可以行驶更多路程的防冻剂。PRESTONE LongLife 460。

198　　　1995 年 6 月，通用汽车发给经销商的资料公报内容如下：

> 主题：被称为 DEX-COOL 的新生产的延长引擎使用寿命
> （extended life）的冷却剂
> 型号：1995 轿车和卡车
> 被称为 DEX-COOL 的新生产的延长引擎使用寿命的（ex-
> tended life）冷却剂将被用于所有通用汽车生产的车辆。

1993 年 9 月，百适通公司新闻稿如下：

> 当你挑选延长使用寿命（extended life）的防冻剂时，就选
> 择每加仑可以行驶更多路程的防冻剂。PRESTONE LongLife 460。

ZEREX 公司提供给经销商的信息如下：

> 理念／定位
> - 第一流的质量、经久耐用的（long life）冷冻剂
> - 独特配方
> - 高效腐蚀抑制作用
> - 有保障的保护

行业视角

- 萧条的汽车售后市场

- 价格低，无折扣

- 防冻剂行业疲软

一直低价吗？

无进展

利益方面的压力

ZEREX EXTREME 的基本原理 4/50

- 技术上的突破

- 乙二醇（**EG**）代替甲醇后的首次改变

- 利润提高

- 提供更多"环保"替代物

- 减少"自己动手工作量"

- 创造价值

- 明确保证"内心的宁静"

广告

199

1993 年 11 月，斯亚乐防冻剂在《汽车动向》（*Motor Trend*）杂志上刊登的广告：

如何将斯亚乐防冻剂比作所谓的"long-life"防冻剂？

1993 年 12 月，百适通在汽车动向杂志（*Motor Trend*）上刊登的广告：

Prestone LongLife 460，作为一款超级延长寿命的（extended life）防冻剂／制冷剂，是采购的唯一选择。

沃伦广告

保证至少 4 年或 60 000 英里的冷却系统保护。因保护金属使其免于生锈和腐蚀，引擎将使用得更长久。

媒体上的文章

1993 年 10 月，《汽车制冷杂志》（*Automotive Cooling Journal*）上关于防冻剂的宣传如下：

Prestone LongLife 460 的目标顾客是那些没有时间检查或更换防冻剂 / 制冷剂的群体。

1993 年 12 月《汽车动向》（*Motor Trend*）上关于防冻剂的宣传如下：

巴斯夫（BASF）的 Zerex Extreme 4/50 和 Prestone LongLife 460 都以新的延长寿命的（extended-life）配方为特色，此配方允许 4 年内使用同一冷却剂，且不用更换……这些冷却剂含有腐蚀抑制剂的新配制，能够更长久地保护冷却系统。

1993 年 11 月 1 日《折扣店新闻》（*Discount Store News*）上一篇名为"新生产的利基（Niche）冷却剂提高了库存数量"的文章中对防冻剂的宣传如下：

Prestone 和 Zerex 已经引进了相当于常规产品持续时间 2 倍以上，且成本也是常规产品 2 倍的防冻剂……实际上，一家汽配连锁已经从普通 Prestone 产品的 4 个货架中减少一个货架，作为寿命长的（long-life）百适通产品的保留货架。

此外，Prestone 和 Zerex 公司延长寿命的（extended life）

产品价格已经开始低于供货商希望看到的价格了……Zerex 也广泛推销其延长寿命的（extended life）产品……两家公司的延长寿命的（extended life）冷冻剂都定价 8.99 美元，一些商店同时销售两个品牌的产品。其他商店只供应一种延长寿命的（extended life）冷冻剂……在为相对偏远的、低收入的消费者服务的其他商店中，寿命长的（long life）产品可能对他们来说非常昂贵……斯沃博达（Swoboda）认为，Prestone 和 Zerex 公司寿命长的（long life versions）产品的销售额基本相同。

1996 年 1 月 3 日，美通社协会（*PR Newswire Association*）1996 洛杉矶车展上对防冻剂的宣传为：

……许多模型将按照延长寿命的（extended-life）冷冻剂和变速箱润滑油的标准配置。

1995 年 12 月 11 日，《石油和天然气杂志》（*Oil and Gas Journal*）上对防冻剂的宣传为：

在德士古（Texaco），我们新型的金富力牌机油可以应对温度计两端的温度极值，并使用延长寿命的（extended life）防冻剂和冷冻剂……这将延长汽车的使用寿命。

1995 年 12 月 4 日，《美国石油周》（*US Oil Week*）对防冻剂的宣传如下：

通用汽车公司（GM）表示，在不久的将来将批准其他延长寿命的（extended life）冷冻剂。

1995 年 11 月 30 日，美通社协会（*PR Newswire Association*）对防冻剂的宣传如下：

……而且许多模型将按延长寿命的（extended life）冷冻剂和变速箱润滑油的标准配置。

1995 年 11 月 16 日，美通社协会（PR Newswire Association）对防冻剂的宣传如下：

……而且许多模型将按延长寿命的（extended life）冷冻剂的标准配置。

1995 年 11 月 11 日，《多伦多明星报》（*Toronto Star*）对防冻剂的宣传如下：

通用汽车公司已经开始销售延长寿命的（extended-life）冷冻剂，在售后市场中将其用于新生产的车辆。

201 1995 年 11 月 6 日，美通社协会（re：1996 Seattle Auto Show）对防冻剂的宣传如下：

……许多模型将按延长寿命的（extended life）冷冻剂的标准配置。

1995 年 11 月 6 日，《美国石油周》（*US Oil Week*）对防冻剂的宣传如下：

德士古（Texaco）以新生产的、可以提供 5 年或 100 000 英里引擎保护的金富力延长寿命的防冻剂／冷冻剂而自豪。

1995 年 10 月 30 日，《轮胎商业》（*Tire Business*）对防冻剂的宣传如下：

布兰德利（Bradley）先生说通用汽车公司选择延长寿命

的（extended-life）防冻剂是因为研究表明消费者想要更长久的服务周期。

1995 年 10 月 24 日，美通社协会对防冻剂的宣传内容如下：

DEX-COOL—通用汽车公司最近在其新生产的车辆中开始使用相同延长寿命的（extended life）冷却剂……新的延长寿命的（extended-life）冷却剂的好处包括：……

1995 年 8 月 21 日，《美国新闻与世界报道》（ *US News and World Report*）对防冻剂的宣传内容如下：

10 月，德士古将在加油站和零售店销售 Dex-Cool 牌金富力延长寿命的（Extended Life）防冻剂。

1995 年 8 月 11 日，《亚特兰大宪政报》（ *Atlanta Constitution*）对防冻剂的宣传内容如下：

布拉德利（Bradley）先生说，通用汽车公司选择了延长寿命的（extended-life）防冻剂，因为研究表明消费者想要更长久的服务周期。

1995 年 8 月 10 日，《奥兰多守望报》（ *Orlando Sentinel*）对防冻剂的宣传内容如下：

布拉德利说通用汽车公司选择了延长寿命的（extended-life）防冻剂……

1995 年 8 月 7 日，《汽车新闻》（ *Automotive News*）对防冻

剂的宣传内容如下：

> 布拉德利说通用汽车公司选择了延长寿命的（extended-life）防冻剂……

202　　1993 年 10 月，《非食品商品广告》（*Non-Foods Merchandising*）对防冻剂的宣传内容如下：

> 位于康涅迪格州丹伯里（Danbury, Conn.）的第一品牌公司（First Brands Corp.）引进了全新百适通 LongLife 460 防冻剂 / 冷冻剂，该产品专门为冷却系统提供 4 年或 60 000 英里的保障而定制。LongLife 460 还可以防止包括铝在内的任何冷却系统生锈和腐蚀。

1995 年 8 月 1 日，*ASAP* 对防冻剂的宣传内容如下：

> 甚至在有了防冻剂 / 冷却剂产品延长寿命的（extended-life）新配方后，该产品类别不仅达到而且已经超过了去年的销售量。

1995 年 5 月，《饮品世界》（*Beverage World*）对防冻剂的宣传内容如下：

> 同时从环境方面考虑，我们创造出了延长寿命的（extended life）冷却剂。

1995 年 8 月 1 日，*ASAP* 对防冻剂的宣传内容如下：

> 去年秋天，通过引进 Zerex R Extreme 4/50 TM，一种延长寿命的（extended-life）冷却剂……我们朝着那个目标迈进了

一步。尽管它在市场上起步缓慢，但是延长寿命的（extended-life）冷却剂却有效地构成了整体市场的一个重要部分……延长寿命的（extended-life）防冻冷却剂比常规产品价格高这一事实可能成为销售增长的一个重要阻碍吗……"niche"产品的出现，延长寿命的（extended-life）防冻剂的出现，已经导致市场细分……他们购买的产品—无论是常规的还是延长寿命的（extended-life）—不仅仅是防冻剂，也是冷却剂……乔治·沃特曼（George Wattman）是巴斯夫（BASF）汽车用品的业务经理，Zerex Extreme 4/50 延长寿命的（extended-life）防冻剂／冷却剂的营销商……

1995 年 4 月 21 日，美通社协会（PR Newswire Assoiation）对防冻剂的宣传如下：

……新的延长寿命的（extended-life）产品有潜力降低对逐渐减少的自然资源的消耗。

1993 年 11 月 1 日，*ASAP* 对防冻剂的宣传如下：　　203

实际上，一家汽配连锁已经从普通百适通产品的 4 个货架中减少一个货架，为寿命长的（long-life）百适通产品保留……而且，百适通和 Zerex 公司延长寿命的（extended-life）产品的价格已经开始低于供货商希望看到的价格……Zerex 也广泛推销其延长寿命的（extended life）产品……两家公司延长寿命的（extended life）冷冻剂都定价 8.99 美元……其他商店只供应一种延长寿命的（extended life）冷冻剂.

1991 年 3 月，《煤》（*Coal*）对防冻剂的宣传如下：

Nalcool Need-Release 延长寿命的（extended-life）引擎冷却系统处理释放附加的冷却添加剂，此添加剂排除了对长达 1 年或 100 000 英里冷却系统保护之适当水平的冷却剂测试的担忧。

1989 年 5 月，*ASAP* 对防冻剂的宣传如下：

大部分化学公司和冲洗液公司已经引进延长寿命的（extended life）化学制品来制造防冻剂／冷却剂。

引自判例的内容

安休瑟·布什诉斯特罗酿酒公司［*Anheuser-Busch v. Stroh's Brewery* 750 F. 2d 638（8th. Cir. 1984）］一案的主要关注点如下：

> 然而，这一测试的目的是消费者如何理解该术语，而非从事该行业的人如何理解……法院应从普通有意购买者的立场来考虑该术语……一般来说，如果商标直接地传递信息，那么它就是描述性的商标。如果它代表某一观念，需要适当运用想象力才能使其与商品联系起来，那么它就是暗示性的商标。

204　　康索布鲁夫斯第一联邦储蓄与贷款协会诉林肯第一联邦储蓄与贷款协会［*First Federal Savings and Loan Association of Council Bluffs v. First Federal Savings and Loan Association of Lincoln*，Civil No. 88－92 Memorandum of Order 10，July 9，1990，af'd 020 F. 2d 382，8th Cir.（1991）］一案的关注点如下：

人们通常不会说他／她要去"First Federal"存钱或贷款，相反，他们会说他／她要去"savings and loan"，或者更可能会说，去"银行"存钱或贷款。在日常会话中，这种提法揭示了一个通用术语的类别性质，该特点在本案中并不存在。

引自本案动议和诉讼文书的内容

原告沃伦支持打击动议的诉讼文书（1995年6月12日）：

在本案中，根据所谓 LongLife 这一术语在防冻剂贸易或行业中的使用，百适通已宣称 LongLife 这一商标是通用或描述性商标（与暗示性商标形成对照）。判断某一商标是通用的、描述性的还是暗示性的，取决于消费者如何看待此商标，并非从事该行业的人如何看待。参见安休瑟·布什公司诉斯特罗酿酒公司 [*Anheuser-Busch, Inc. v. Stroh Brewery Co.*, 750 F. 2d 631, 628 (8th Cir. 1984)] 一案。

以下是百适通反对原告打击动议的法律备忘录（未标明日期）：

"long life"这一术语在从事该行业的人看来是通用的……除上述主张外，百适通正在寻求增加一个要求的许可，即在购买者看来该术语也是通用的……而且，该短语的通用性可以通过查看词典中该词的意义来证实……《韦氏第九新大学词典》对"long"和"life"两词都给出了定义，甚至还包含"long-lived"，并将其定义为"having a long life"，因此，我们更加支持将该术语分类为通用的……所以，"long life"这一短语的

205

普遍、通用的用法是具有相关性的，并不像原告极力主张的那样；该争议术语在行业中的意义和字典中的含义都已经被巡回法院使用，以确定非创新词语或普通词语的延续通用性。因此，该词在行业中的理解和使用是完全相关的。原告的动议应被驳回。

语言学分析

上述分析表明：①沃伦的 LongLife 商标具有暗示性，而不是描述性的或通用的（如同百适通宣称的那样）；②"long life"并不是一个以普通方式理解和使用的某类型或类别防冻产品的名称；③百适通公司使用"LongLife"一词可能会使消费者混淆，他们可能会认为百适通和沃伦公司生产的是同一个产品，或者会认为两家公司在某些方面有联系，或者这两种情况都有可能存在。

沃伦的 LongLife 商标具有暗示性，并不是通用的或描述性的商标

百适通为使"long-lived"和"long life"相等同所付出的努力显然是没有效果的，因为两种表达法在语言上是非等效的。沃伦的 LongLife 商标是一个由形容词和名词结合而成的专有名词，而"long-lived"是由一个形容词和动词结合形成的另一个形容词。此外，"long-lived"现在已不通用。

百适通使用词典上的定义，试图通过有选择地引用关于普通名词"life"的字典条目来证明 LongLife 是通用的。这样，百适通不得不独立地定义"long"和"life"，而不是作为商标中出现的复合名词结构（LongLife）来定义。这一事实使上述努力濒于白费。即使这样，百适通只从 18 个含义中选择了表

明无生命存在的那一个，参见本章 8c 部分内容，尽管百适通所引用的《牛津英语词典》中为"life"给出了 18 项不同的含义。相比之下，《韦氏第三新国际字典》提供的 21 项不同含义中，只有一个含义的两个部分 14b 和 14c 将"life"与无生命的物体联系在一起。从该词典绝大多数有生命的词义来看，百适通只是有选择地引用了有利于自身立场的一个定义，且只是其中一个部分，从而忽视或不顾"life"这一无生命意义是隐喻用法这一事实。由于它是隐喻性的，于是表明它本身具有暗示性，因为隐喻性表达法的读者必须运用他们的想象力将"life"一词的通用含义与无生命的物体，如用于车辆引擎的防冻剂／冷冻剂联系在一起。 206

因为百适通有选择地引用"life"的字典含义这一事实，所以它只强调防冻剂的持续使用时间，而忽略或忽视了沃伦公司所宣传的 LongLife 的第二个含义，即 long life 的结果不仅指防冻剂，也指车辆本身。为了使商标被看作描述性的而非暗示性的，产品的商标名称应该清晰地确定产品的质量、种类、类型或性质。就沃伦的 LongLife 来说，与百适通和其他防冻剂制造商共享的一个明确的质量就是防冻剂经久耐用，但是沃伦的 LongLife 防冻剂，像其广告所证明的，不仅经久耐用，而且能够延长使用该防冻剂的引擎的寿命。

具有描述性就是直接表明所指（产品）的质量、种类或情况。在产品名称的语境下，一个描述性的名称是直接告知消费者关于产品的质量或成分，要达到的程度是：不留下任何想象空间，并且不需要任何推断来确定产品的性质。

通用名称就是不直接地表示某一个特定产品，而是说明产品的类型或种类，如粟米片或电池。本案中采用的数据库表明，表示某一种类或类型的产品经久耐用的普通用法是"extended life"，并不是如百适通所说的"long life"。百适通甚至还将该种类或类型的产品称为"extended life"防冻剂。因此，百适通主张"LongLife"这一产品名称是某种类或类型防冻剂的一个通用名称，并且不受保护，是没有任何法律依据的。

百适通在其文本中也引用了斯亚乐公司的广告用语"long life"。值得注意的是斯亚乐公司是沃伦的全资子公司，百适通甚至斯亚乐公司也认为"long life"是某种类或类型防冻剂的一个通用标签。然而，这一论证很容易地被这一事实击败了，即斯亚乐公司的广告实际上说的是，所谓的"long life"防冻剂完全没有支持"long life"是该种类或类型产品的一个通称。

对于不熟悉此产品的人们，希望他们一看到或听到这个名称——LongLife，就能全面确定该商标所指产品的质量、种类、情况或功能，这是不可能的，也不可能确定所指产品的类型或种类。反而，LongLife 表明使用该产品的潜在效果。假设有一个商标为经久耐用的袜子（Long-Life Socks），这个商标向消费者传达的信息只能是有关袜子的功能或质量的信息，如编织袜子所使用材料的质量或将它们组合在一起的编织质量。此商标也不能表示这个产品的类型或种类，反而会表明购买和使用这一产品是经济节约的，因为贴有该商标的袜子会经久耐用，实际上也可能会比没有该名称的袜子更耐用。这样的思维或想象超出了任何对产品质量、功能、类型或种类的直接陈述或确认。因此，沃伦的 LongLife 表达了 long life 的两个不同含义，一是产品本身，二是产品对车辆的保护效果，沃伦完全有理由对百适通所主张的 LongLife 这一名称的任何具体化描述提出异议。

"long life"这一短语通常被视为涉及许多语境的具有积极意义的词语。然而，目前为止最典型的语境指的是有生命的物体，主要是人类。《韦氏新大学词典》中"life"一词的前 11

个意义实际上都与有生命的物体相关。其他意义指的是动物生命，或把"life"当作持续时间、名气或存在期间。词典中只有一个意义指的是无生命的物体。很明显，用"life"来指称无生命的物体是隐喻性用法，这一事实本身就需要发挥想象力和运用思维，因为就定义来看，这类的隐喻需要大量阅读并且暗示许多东西，而要理解隐喻往往不止需要理解单词或词语的字面意义。

对于购买了沃伦 LongLife 产品的消费者，在意识到 LongLife 指的是产品的耐久性后，他们仍然需要进一步运用思维并发挥想象力，如同在前面提到的虚拟的"Long-Life Socks"案例一样。沃伦公司的 LongLife 产品，从其包装标签来看，表明商标所表示的寿命长，且不仅指产品经久耐用，而且还表示使用此产品的车辆也经久耐用（"保护铝制及所有引擎配件"）。另外，假设商标可以说明问题。如果有一个叫做 Long-Life Vitamins（长寿维他命）的商标，它的名称和 Long-Life Socks（经久耐用的袜子）的名称一样，可以表示使用此产品的潜在效果。然而，和 Long-Life Socks 不同的是，使用 Long-Life Vitamins 的潜在效果并不作用在产品本身上，因为完全没有理由延长维他命的寿命，而是作用在维他命的使用者身上，因为，很明显对于任何人来说长命百岁是更加重要而令人向往的。

在沃伦的 LongLife 一案中，消费者必须运用思维和想象力，不仅要推断出 LongLife 表明产品的效果，而且要推断出这一效果是出现在使用了此产品的车辆上，并不是产品本身。实际上，百适通的包装标签表明"long life"的两个不同意义：①产品将更经久耐用；②引擎将使用得更长久，因为此产品保护引擎，防止其金属生锈和腐蚀。百适通包装标签上声明，这是一个寿命更长久的产品，包括"4 年或 60 000 英里"、"每加仑行驶更远的路程"，当然还有"先进的技术"。此外，百适通的包装标签还表明 LongLife 防冻剂提供对引擎的保护："对一切冷却系统材料，包括铝在内，提供冷冻和沸腾时的保护，防止其锈蚀和腐蚀"。百适通在 1993 年 12 月《汽车动向》和 1993 年 10 月《非食品推销》上的广告表明了相同的特性。因而，就百适通而言，"long life"有两个暗含的意义，一个指产品本身，另一个指产品对车辆的影响，它对该术语的任何特定描绘都表示异议。

Long Life 并不是某个种类或类型产品的名称

在百适通反对沃伦删除动议的法律备忘录中，百适通主张"long life"这一词语是用于此种特定类型防冻剂／冷却剂的普通词语。如果真是这样，那么值得注意的是，在其自己的广告和商品目录中，百适通使用了"extended life"这一词语来指称这类型或类别的产品。此外，百适通发出的一则广告表示，"Prestone LongLife 460，作为一款超级延长使用寿命的防冻剂／制冷剂，是采购的唯一选择"。百适通的另一则广告也使用了此种措辞方式，"当你选择一款 extended-life 防冻剂时，请选择 Prestone LongLife 460"。其他生产类似防冻剂产品的公司也用"extended life"来指称此类别或类型的产品。德士古润滑油公司于 1995 年 8 月 15 日在其 1995 年《西部经销商咨询会议的会议记录》中载明："……还表示新的金富力 Extended Life 防冻剂将与当前百适通的定价一致。"此外，1995 年 6 月通用汽车公司发出的一则信息公告以此开始："主题：被称为 DEX-COOL 的新 Extended-life 引擎冷却剂"，此公告的第一段开始就写着："被称为'DEX-COOL'的新式的、寿命长的引擎冷却剂将用在一切通用汽车公司车辆中"。在前面这些表示某种类或类型防冻剂／冷却剂的例子中，并没有使用"long life"这一词语作为通用名称。

在不同的语境中，使用和理解词语的方式也有所不同。专业技术和特定职业术语，对于在那些领域内部使用的人来说，可以表达特殊的意义，但是该特殊意义对于业外人士来说通常并非如此。专业术语就是一个例子。例如，律师使用普通词语"court"和"bench"来指代法庭上的法官，但是业外人士在日常用语中通常不这样理解，或者甚至在法庭上也不这样理解。同样地，在医疗实践中，"CA"指癌症，但是普通公众通常并不这样使用或理解"CA"。

过去的法院裁决在确定词语意义方面支持消费者语境的重要性。这对安休瑟·布什诉斯特罗酿酒公司（Anheuser-Busch v. Stroh's Brewery，750 F. 2d，638，8th. Cir. 1984）一案的裁决极为重要。此裁决证实了一个广泛理解的社会语言学和词典编纂原则，即语境因素强烈地影响着消费者的理解和感知，"然而，测试的目的是消费者如何理解此术语，而非从事该行业的人对该词的理解"。在康索布鲁夫斯第一联邦储蓄与贷款协会诉林肯第一联邦储蓄与贷款协会（929 F. 2d 382，8th Cir. 1991）一案的判决中也表明："人们不会说他／她要去'First Federal'存钱或贷款。人们宁愿说他／她要去'savings and loan'，或者更可能说去'银行'存钱或贷款"。

上述引用的两个案例中的习惯用语原则相当于当前的、可接受的社会语言学和词典编纂的实践原则。无论是普通词语还是专业术语，它们的意义都由那些使用并接收该语言的人来决定，而不仅仅由该语言的专业使用者决定。这一原则并不排除由专业群体决定的意义，例如啤酒酿造者或银行家，但是它尝试将这种意义标记为专业意义，通常不是非专业人士能够理解

209

的普通意义。最好的词典编纂实践以 19 世纪的《牛津英文词典》为起点，它系统地从使用该语言的人群中收集使用例证，而且根据此使用来定义词语，这种实践在最好的英语词典中仍然存在。源自媒体的证据表明，公众消费者认为此类型或种类的产品是"extended life 防冻剂"，并不是"long life 防冻剂"。

百适通的 LongLife 460 可能会令消费者费解

至于消费者的潜在混淆是确定无疑的，因为原告和被告同时使用复合名词 LongLife。双方在"Long"和"Life"中都使用了大写字母"L"，而且都将两个词语结合成一个单词，两词之间没有留下任何空格。无论如何，百适通的答辩状和反诉书中承认了 LongLife 这一术语"可能对加盟百适通或与其联系或交往的个人造成混淆、误解或欺骗"。如果沃伦的 LongLife 被错认为是百适通的商标，那么百适通的 LongLife 肯定也同样地被错认为是沃伦的商标，因为毕竟用的是同一个词语。

基于本案中的语言证据，我得出以下结论：①沃伦的 LongLife 商标是暗示性的，并不是描述性的或通用的；210 ②"long life"不是此种类或类型防冻剂产品的名称；③消费者可能会混淆，他们可能认为沃伦的 LongLife 和百适通的 LongLife 460 是同一个产品，或者是由同一家公司生产，或者两种情况都存在。这一结论是依据字典引用证据得出的，字典引用表明该商标是隐喻性的，即暗示性的，而非描述性的。百适通主张"long-life"是某种类或类型防冻剂／冷却剂的名称，此主张被该行业和百适通自己的陈述中所使用的语言证据所推翻，它所使用的通用术语是"extended life"。

此案例再次证明需要建立一个语言实际使用的语料库，以此来分析有争议的问题。本案还展示了词典引用和语义学如何被有效和无效地运用。

第七部分
采购欺诈

211

简单而言，欺诈（Fraud）就是运用虚伪的事实陈述、不诚实的诡计或把戏，以获得不公平的有利条件，而且不履行被要求履行的或期望实现的义务。欺诈是谋求私人利益的欺骗，通常作为刑事案件进行诉讼。在英格兰和威尔士的民事法律规定了侵权行为（torts），如侵权（conversion），但是没有规定类似于欺诈这样的，以欺骗（deception）为主要构成因素的违法行为。在美国，欺诈往往与采购过程相关，在此期间，承包人通过政府机构保护交易安全。欺诈也可能发生在签约前、合同签订期间，或者合同履行期间，后者通常与承包人提交伪造成本数据相关。

直到美国内战期间，采购欺诈这一概念才开始出现，当时需要扩大政府规模，需要采购大量物质资料用于战争。由于这些需求逐渐增加，采购欺诈的发生率也随之增长，于是 1863 年美国国会通过了《虚假申报法案》（False Claims Act）。最初，《虚假申报法案》是一部刑事法律，当然也规定政府可以通过民事诉讼来寻求罚款处分。实际上，直到 20 世纪 80 年代，根据此法案起诉的所有案件都是按刑事案件处理的，当时强调刑事诉讼的这种做法效果不佳，不能阻止采购欺诈案件的一再发生。因为这种案件起诉费昂贵，使得许多被指控有罪的承包人逍遥法外。

为了解决这个问题，1986 年国会修改了《虚假申报法案》中的民事处罚条款，使得依据本法对承包人提出民事控告变得更加容易，并且加强了政府可以采取的补救措施。根据上述修正案的规定，为了获得政府拨款而向政府提出虚假申报的承包人将承担民事责任。修正案要求政府证实进行虚假申报的人不仅仅是因为疏忽而做出此行为。根据《美国联邦法典释义》第 31 卷 3729（b）［31 U. S. C. A 3729（b）］的规定，做出虚假陈述或申报必须有欺诈的特定意图，或有故意不知情、不计后果地漠视事实，或提交虚假信息等情节。如果因为这种虚假申报使政府遭受金钱损失，估算的损害赔偿金额将等同于政府损失的 3 倍。现在，采购欺诈主要着重于规制被告承包人。

由于承包人辜负买方期望可能只是出于无能，故意运用语言歪曲事实的问题就出现了。生产者是否故意提供其能够实现或可以做的事情的虚假陈述？合同的措辞是否使得购买者可能对购买的产品有额外的期待？在刑事案件中，执法人员试图确定嫌疑人的意图，有时嫌疑人意图甚至可以用来决定是判死刑还是二级谋杀罪。尽管"意图性（intentionality）"在涉及欺诈的民事案件中并非总是作为要件，但是"明知（knowingly）"这个词经常与对被告的指控联系在一起。还有一种表达法是

"知道或本应该知道（knew or should have known）"。从许多不同方面来说，如果有意义的话，"故意地（intentionally）"和"明知地"之间的区别可能看似很小。欺诈，无论是"故意地"还是"明知地"实施，都将成为涉案合同语言进行分析的一个卓有成效的领域。

以下案例中所称的采购欺诈是由被告（承包人）做出所谓的虚假陈述而引起的。此案例中，美国司法部依据《虚假申报法案》[31 U. S. C. 3729（a）（1）]规定起诉军事战斗机引擎制造商，并要求支付3倍赔偿的潜在罚款。

关于欺诈的资料，请参见：

Golden, Thomas, Steven L. Skalak, and Mona M. Clayton. 2006. *A Guide to Forensic Accounting Investigation.* Hoboken, N. J.: John Wiley & Sons.

Silverstone, Howard, and Howard R. Davia. 2005. *Fraud 101: Techniques and Strategies for Detection.* Hoboken, N. J.: John Wiley & Sons.

关于语言和欺骗的资料，请参见：

Canter, David, and Laurence Alison. 1999. *Interviewing and Deception.* Aldershot: Ashgate.

Ekman, Paul. 1985. *Telling Lies: Clues to Deceit in the Marketplace, Politics, and Marriage.* New York: Norton.

Galasiński, Dariusz. 2000. *The Language of Deception: A Discourse Analytical Study.* Thousand Oaks, Calif.: Sage.

Miller, Gerald R., and James B. Stiff. 1993. *Deceptive Communication.* Thousand Oaks, Calif. : Sage.

Robinson, W. Peter. 1996. *Deceit, Delusion, and Detection.* Thousand Oaks Calif. : Sage.

Shuy, Roger W. 1998. *The Language of Confession, Interrogation, and Deception.* Thousand Oaks, Calif.: Sage.

213 # 第十八章　政府合同中的虚假陈述

美国联邦诉联合科技公司

（*United States of America v. United*

Technologies Corporation）*

普拉特·惠特尼（Pratt & Whitney）是联合科技公司的一个分支机构，是军事战斗机引擎的制造商。从 1970 年代初一直持续到 1982 年底，普拉特是美国空军 F-15 和 F-16 战斗机中使用的高性能喷气发动机的唯一制造商。1982 年，美国空军决定征求通用电气（General Electric）的投标，使其作为一个替代供应商，取代以前的唯一来源授予过程。由此，采购过程变成一种协商，结果变得不确定，可能是单来源合同，也可能是双来源合同。1983 年 5 月，美国空军向两个潜在承包人发出提供招标书（RFP），包含 6 年的生产（1985～1990 年）。美国空军要求几种不同种类的招标书，分别是 1 年、3 年、5 年，都涉及生产的不同方面。由于采购过程要协商决定，所以要求每一个承包人都要提交支撑其建议书的成本定价资料的具体信息。

这种成本或定价资料不仅包括过去的核算资料，还要包括

---

* 案例卷宗号：No. C-3-99-093. 俄亥俄州，待顿，西区，俄亥俄州南部，联邦地区法院（U. S. District Court, Southern District of Ohio, Western Division, Dayton, Ohio）。

下列要素，如所有卖方报价、偶生费用、生产方法的改变、支撑承包人对商业前景和目标规划的数据、相关经营费用、单位成本动态、自制或外购决策、达到目标所需的其他预计资源，以及选出某一特定卖家（次承包商）的对比分析等。

上述建议书的截止日期为 1983 年 8 月。1983 年 11 月，两个承包人都提交了最佳及最终报价（BAFOs）。国防合同审计局（DCAA）的政府审计员首先审阅了普拉特的建议书，并且建议其减少 2 亿美元的引擎材料成本，但是由于美国空军发现此项成本是合理的，所以召集审计员和普拉特举行了一次会谈。结果，后来建议书的定价减少了 10 亿美元，致使普拉特担心美国空军可能认为以这种新制定的更低成本，普拉特不可能生产出美国空军想要的飞机。普拉特的最佳及最终报价（BAFO）的截止日期是 1983 年 12 月。最佳及最终报价提交并经过审查后，相关部门只给普拉特 2 周时间来修改。

与此同时，普拉特已经向其独家卖主——唯一能够提供普拉特建造引擎所需零部件的分包商发出价格请求。独家卖主提供了"最高限价报价"，意味着估算的价格不允许超出以上数额。这种类型的报价不同于灵活的"基价报价"，因为后者的价格有可能随着时间的推移而增长，而且 1983 年的基本价可能比 1990 年的基本价还低。在起草一个涵盖 5 年时间的建议书时，通常有必要逐步提高基本型报价以应对通货膨胀以及其他情况。数据资源公司（Data Resources, Inc.）是一家独立公司，为像普拉特这样的私营承包商提供升级估价。尽管数据资源公司的调查结果是基于许多因素作出的最佳估价预测，但是并不要求承包商赞同这样的估价或者遵循该估价。甚至在数据资源公司审查此类建议书中的升级估价以前，该建议书就接受了采购合同分析集团（Procurement Contract Analysis Group）的分析。每一家公司都有这样一个独立的分析组织（PCAG），并在承包商的办公室办公。收到卖方的最高限价报价之后，PCGA 可能建议或不建议卖方减低其最高限价报价。

为了获悉定价是如何决定的，比较价格分析和成本分析是非常有用的。研究价格有两种方式，一种是"价格分析"，实质上，这种方式可以表示为"我能以 X 价格获得这些产品，而且能以另一个价格获得类似的产品"。美国空军更倾向于这种分析方式，并用来比较普拉特和通用电气的价格与自己估算的价格。第二种研究价格的方式是"成本分析"，政府审计员更倾向于这种方式，他们想让承包商去问其卖主确定其成本和利润率，以了解最终的价格是否合理。

更为复杂的是，招标书（RFP）中明确指定的特定引擎以前从未生产过。因此，普拉特必须依据过去已经生产过的类似引擎的生产成本来估价。

215　　　　政府对此类建议书的审查流程也非常值得注意。一份建议书首先要被政府的合同管理人员以及他们的价格分析师审查。再转到资源选择鉴定委员会（Source Selection Evaluation Board）审查，该委员会由大约 200 人组成。经资源选择鉴定委员会审查后，再转到资源选择咨询委员会（Source Selection Advisory Council）审查，该咨询委员会由美国空军头等参谋及一些文官组成。然后，再由美国当时的维恩·奥尔（Verne Orr）空军部长批准或者否决。奥尔先生批准后，此建议书再交由当时的国防部长卡斯珀·温伯格（Casper Weinberger）。

从表面来看，上述细节可能看似多余，但是它们对于了解在本案中语言学家的作用至关重要。首先，直到普拉特的最佳及最终报价提交后 17 年，政府才提出控告。到那时，政府的参与人员没有一个能够清晰地记得 1983 年发生的事情，而且大多数根本一点印象也没有了。合同管理人员表示对此事的发生仅有一点模糊的记忆。他已经把之前的最佳及最终报价交给价格分析师，而价格分析师表示他不能非常清晰地回想起此份合同，但是如果他真的进行过审查，经过20年后，他肯定会以现在政府解释的方式来解释。政府跟普拉特签订合同之后不久，一个叫丹尼尔·扎卡瑞迪（Daniel Zacheretti）的人担任政府的审计员。后来，他去司法部工作，随后的几年里他被任命来审查此项合同。在之后的10年里，他的大部分工作时间都用来进行此项工作。司法部就是根据他的分析和证词起诉普拉特的，这发生在大约17年后。

资料

在1999年底，本人第一次与律师签订审查普拉特的合同，负责分析案件中的重要文件，因为它们是政府认为可以证明普拉特共谋欺诈的文件。以下两个文件都是随附于1983年普拉特最佳及最终报价的文件。字体和文件设计都尽可能再现原始文件，而且无关的段落已用括号标注。

EXAMPLE 18. 1

216

Exhibit 3. 8. 1

FIGHTER ENGINE COMPETITION

INITIAL TO BAFO COST TRACKING

ADDITIONAL EXPLANATIONS/RATIONALE

Standard material

The difference results from adjustments to quoted parts, unquoted parts and ECP deltas as follows:

A. Quoted Parts

1. Ceiling price quotes were decremented in the BAFO for consideration of final settlement on all sole-sourced vendors. The decrement factor applied by calendar year was developed based upon our review of the PCAG recommendations for each supplier and the cognizant buyer's past experience with the individual vendors involved. The decrement factor reflects our past experience in not being able to achieve PCAG recommendations at final settlement time. The DCAA audit reports as discussed during fact-finding recommended decrementing all ceiling vendor quotes to a level consistent with the PCAG recommendation. While we have incorporate [*sic*] a decremented position, we do not agree that the appropriate estimate should be based solely on PCAG, but rather also should consider past experience by supplier as indicated above.

2. The DCAA audit report indicated that later quote data was available for part numbers 4044892, 4048998 and 01F4023040. Also mechanical errors were found on part numbers 9B54030604m 9B54030605, 91F4000551 and 4061493. We do not take exception to the DCAA in this area and have incorporated appropriate consideration for these in the BAFO.

3. Escalation applied to base price type quotes was revised to reflect consideration for the most recent DRI forecast of the appropriate indices. Although not specifically addressed by the DCAA, we feel that this was only prudent as the new

forecast reflected generally lower inflation estimates.

4. [not relevant]

5. [not relevant]

B. Unquoted Material   217

　1. The initial proposals submitted in August 1983 were based upon a January 1983 configuration for the F100-PW-200 engine with parts not specifically quoted for the Fighter Engine Competition (FEC) having been based upon 1984 estimate standards using purchase order activity through January 1983.

The November modification proposals reflected an updated configuration for this engine model with all validated engineering changes through July 1983 and more current purchase order data through October 1983. The DCAA recommended a 4.7% reduction to unquoted material in their report. While we did not specifically take the same approach of an overall decrement, we have agreed with the recommendation and have given consideration in the BAFO to the most current purchasing data available on those parts.

　2. [not relevant]

C. F100-PW-200 Engineering Changes

　1. [not relevant]

　2. [not relevant]

　3. [not relevant]

例 18.1

文件 3.8.1

战斗机引擎竞争（FEC）

最终和最佳报价成本跟踪

附加说明／依据

标准材料

由对报价部分、非报价部分以及 ECP 作出的调整而产生的差异
如下：

1. 报价部分

（1）在审查所有独家卖方最终决算的最佳和最终报价中，
最高限价报价有所缩减。适用的年度减缩系数是在我们分析采
购合同分析集团（PCAG）提供给每位供应商以及已知买方与相
关个体卖方的以往经验的建议的基础之上制定的。减缩系数反
映出按照我们以往的经验，在最终结算时不能实现采购合同分
析集团的建议。在实情调查阶段讨论的国防合同审计局
（DCAA）审计报告建议减缩所有最高卖方报价，减少到与国防
合同审计局建议相一致的水平。然而我们已经纳入了减缩的水
平，不认为适当的估价应该完全以国防合同审计局为依据；而是
应该考虑以上所指出的供应商的以往经验。

（2）国防合同审计局的审计报告表明，后来的报价资料仅
能得到零件编号为 4044892、4048998 和 01F4023040 的数据。还
能在零件编号为 9B54030604m、9B54030605、91F4000551 和
4061493 的资料中发现机械误差。在这方面我们并不反对国防合
同审计局，而且我们已经在最佳和最终报价中适当地考虑了上
述问题。

（3）适用于基本价格报价的逐步增长已经过修改，以体现
考虑了 DRI 对适当指数的最新预测。尽管国防合同审计局没有

明确提出，但是我们认为这一点必须小心谨慎，因为最新的预测普遍反映出更低的通货膨胀率。

（4）［无关］

（5）［无关］

2. 未报价的材料

（1）1983 年 8 月提交的最初建议书是根据 1983 年 1 月 F100-PW-200 型引擎的配置撰写的，组成该引擎的零部件没有就战斗机引擎竞争（Fighter Engine Competition）进行明确的报价，因为战斗机引擎竞争已经以 1984 年预计标准为依据，该标准根据 1983 年 1 月采购订单活动制定。

11 月修改的建议书反映出此引擎模型的更新配置，1983 年 7 月提出的全部工程更改都已实施，而且 1983 年 10 月提出的更新订购单数据也已生效。DCAA 建议，报告中的未报价材料应减缩 4.7%。然而，我们没有明确地采取相同的整体递减措施，但已经赞同该建议并且在最佳及最终报价中考虑了那些零件可利用的最新采购数据。

（2）［无关］

3. F100-PW-200 工程更改

（1）［无关］

（2）［无关］

（3）［无关］

此文件还有许多其他内容，但政府或普拉特都认为与本诉讼无关。然而双方都认为以下手写文件尤为重要（在此以印刷格式再现）：

ITEM# 8

CEILING QUOTE DECREMENT FACTORS

REPORT #：NONE

REPORT DATE：NONE

This sheet displays a summary by vendor for PCAG recommendations and purchasing buyer assessments of decrement factors for ceiling type quotes contained in the Fighter Engine Competitional proposal.

This data was considered in estimating standard material for Fighter Engine Competition BAFO and is being submitted in support thereof.

第#8 项

上限报价减缩系数

报告编号：无

报告日期：无

此文件为卖方对国防合同审计局（PCAG）的建议和购买方包含在战斗机引擎竞争建议书中的上限报价减缩系数评估的总结。

本资料被认为是战斗机引擎竞争最佳及最终报价评估标准材料中的一部分，而且作为证明材料已经提交。

218　　　和此份手写资料一起提交的还有几页图表，注明每一位供应商的名称，随后附有国防合同审计局建议的缩减百分比以及普拉特实际的缩减百分比。在所有情况下，普拉特的缩减百分比总是低于国防合同审计局建议的百分比。

　　　以下是适用于本案中有争议的采购问题的《国防采购法规》（Defense Acquisition Regulation, 32C. F. R. 3 – 807 – 3, 1982），要求提交成本或定价数据以及表格 DD 633。DD633 的主要内容如下：

> 第1款：
>
> 此表格的目的是提供一种传达手段，要约人以此向政府提交一份预计兼/或时价定价建议书……包括支持信息……适合于详细地分析……
>
> 第2款：
>
> 要求承包人同时提交合理的、解释要约人评估过程的信息，包括所用的判断因素，以及评估中使用的数学或其他方法，包括那些从已知数据中预测所使用的方法。

《真实谈判法》10 U. S. C. 2306 f，"TINA"中所规定的"诚实"包含以下要求：

> "承包商必须提交准确的、完整的、当前的成本和定价数据，作为其建议书和最佳及最终报价的依据。"

另一个战斗机引擎合同（F33657-84-C-2014）包括如下主要内容：

> Cost or pricing data consists of all facts existing up to the time of agreement on price which prudent buyer and sellers would reasonably expect to have a significant effect on price negotiations. Cost or pricing data embraces more than historical accounting data. It also includes such factors as all vendor quotations, nonrecurring costs, changes in production methods and

219   production or procurement volume, data in support of contractor projections of business prospects and objectives, together with related costs of operations, unit cost trends such as those associated with labor efficiency, make-or-buy decisions and estimated resources to attain business goals and any other management decisions which reasonably could be expected to have a significant bearing on costs under a proposed contract, e. g., the comparative analysis by which a particular vendor was selected. In short, cost or pricing data consist of all facts which reasonably can be expected to contribute to sound estimates of future costs as well as to the validity costs already incurred. Cost or pricing data, being factual, are that type of information which can be verified.

成本或定价数据包括一切截止到价格协议达成时间的事实，谨慎的买家和卖家会合理预期对价格协商产生显著影响。成本或定价数据不仅包含以往的核算资料，还包括以下事实，如所有卖方报价、偶生费用、生产方法的改变、生产或采购量的改变、支撑承包人对商业前景和目标规划的数据、相关经营费用、单位成本动态（如那些与劳动效率相关联的、自制或外购决策、实现商业目标的预计资源，以及任何其他管理决策，可以合理地预期对推荐合同规定的成本产生显著影响的其他管理决策，如可用于挑定出某一特定卖家的对比分析）。简而言之，成本或定价数据包括所有能够合理地期待其有助于未来成本的有效估算，并且有助于已发生成本有效性的事实。实际上，成本或定价数据是可以核实的那部分资料。

1983 年 12 月 23 日，美国空军审查了普拉特的最佳及最终报价以及 DD Forms 633，并确定它们"起源于成本支撑数据，这一数据已被有效接受"。在这份收购行为的记录中，美国空军继续说道：

> In addition to the face-to-face discussion of issues, the significant comments from the DCAA reports were sent to the contractor in the form of a Contractor Inquiry (CI) with responses due as part of the BAFO. The BAFO contained response to these comments in sufficient detail to allow the Air Force Evaluation Team full visibility into the cost impact of those responses with supporting rationale to justify the Offeror's treatment of each comment in the BAFO.
>
> 除了面对面地讨论问题，对国防合同审计局（DCAA）报告的重要评论已经以承包商询价（Contractor Inquiry）及应有的回应作为最佳及最终报价的一部分的形式送达承包商。最佳及最终报价包括对这些评论所进行的十分详尽的回应，使美国空军评估组可以清晰地看到那些可以证明要约人处理最佳及最终报价中每一条评论的合理性回应的成本影响。

语言学分析

2001 年 1 月，普拉特的律师请求本人帮助他们处理政府已经提交的案件。当时，原告认为上述文件中的语言非常清晰，而且对普通意义的解释将证明普拉特在其最佳和最终报价中的陈述已经构成欺诈行为。普拉特的律师问我此主张是否有意义。在检查了这些文件之后，本人得出以下结论：政府声称普拉特使用了简明英语，这一点是正确的，但是依据证据中的许多文件，政府认为这种简明英语显示普拉特欺诈，这一点是不正确的。

220 **句法**

2001 年 3 月本人撰写了一份报告，得出结论是：尽管这些文件中的句法几乎不能算文雅，但是它符合理性的人可以处理并理解的原则，是可接受的英语模式。报告简单地从语法上分析每一个句子，把它们分类为名词、动词、介词、副词和形容词短语。以下就是一个例子，以 3.8.1 的第一个句子为例（NP 代表名词短语，VP 代表动词短语，PP 代表介词短语）：

NP	VP
Ceiling price quotes	were decremented
（最高限价报价）	（被缩减）

PP：in the BAFO（在最佳和最终报价中）

PP：for consideration（审查）

PP：of final settlement（最终决算）

PP：on all sole-sourced vendors（独家卖主）

词汇

该报告也涉及这些文件中的词汇。本人认为，"decrement"、"ceiling price quotes"、"BAFO"和"sole-source vendors"这样的术语，如果不是专家，而只是讲英语的普通人，则很可能不经常使用或者不能理解它们，但是政府合同领域工作的专家们通常使用并能够理解这些术语。然而，其他术语（如"estimate"和"assessment"）向理性人所传达的是普通的意义，无论他们是否是专家。政府主张"estimate"和"assessment"意味着普拉特拥有以往的、以统计为基础的数据，该公司本应该使用并在其建议书中提供此数据，但是该公司并没有使用，声称这一不作为是采购欺诈。

"estimate"（估价）

最初的政府诉状宣称，普拉特的最佳及最终报价的普通意义表明，它本该包含根据以统计为基础的以往事实做出的估价。为了验证这一主张，本人关注了"estimate"一词的通常意义，首先是字典中的定义（如《美国传统词典》中的定义）：

1a. tentative evaluation or rough calculation（暂时的评估或粗略的计算）

2a. a preliminary calculation of the cost of a project（项目成本的初步计算）

2b. the statement of such a calculation（这类计算的表述）

3a. a judgment based upon one's impressions；opinion（基于人们印象的判断；观点）

《韦氏大学词典》以大致相同的方式定义了"estimate"这一名词：

1. the act of appraising or valuing quality of a person or thing（对人的素质或物品的质量进行评价或评估）

2. an operation or judgment of the nature，character，or quality of a person or thing（对人或物的本质、特点或品质的判断）

3a. a rough or approximate calculation（粗略的或大约的计算）

3b. a numerical value obtained from a statistical sample and assigned to a population parameter（来自于统计样本的数值和赋予人口参数数值）

4. a statement of the cost of work to be done（待完成工作成本描述）

"estimate" 主要的、普通的定义强调不确定地、初步地、判断地、印象主义地、大概地以及附带主观意见性质地使用这一词语。甚至当提及一个统计样本时，词典也未指出这种度量的基础，或者精确地表示任何样本可能包含的含义。如果普拉特建议书的撰写人想要显示基于其以往与卖方的经验进行的统计定量，就有必要在其文本中明确地表达出这种有标记的意义。

但是，这些词典中 "calculation" 一词的使用是否以不同的方式表达了上述意义呢？这似乎需要证实该词的普通意义。《韦氏大学词典》给出下列意义：

1a. to determine by mathematical processes（由数学过程来确定）

1b. to reckon by exercise of practical judgment：estimate（用实际判断来估计：统计）

1c. to solve or probe the meaning of：figure out（解决或探索意义：计算出）

2. to design or adapt for a purpose（设计或使适合于一个目的）

3a. to judge to be true or probable（判断是真实的或是可能的）

3b. intend（打算）

《美国传统词典》上的定义基本相同：

1. to ascertain by calculation：reckon（通过计算确定：估计）

2. to make an estimate of：evaluate（进行统计：评估）

3. to fit for a purpose：make suitable for（适合于一个目的：使适合于）

尽管两本词典都提到将数学过程作为一种计算方法，但是它们并没有将"calculation"局限于此意义，还包括如"判断（judgment）"、"估计（estimate）"和"评估（evaluation）"等词义。 222

在这些定义中也没有明确说明运用数学的方法。在"calculation"的普通定义中，没有任何信息能够支持政府的主张，即本应作出"以往与卖方交易经历的统计量化"。根本没有具体指出能够表明形成此估算所使用的任何特定的、详细的或明确的方法。

"Assessments"

在第#8 项中，普拉特的建议书明确地将位于其附随图表右侧的数字界定为"购买方评估（Purchasing buyer assessments）"。政府认为，普拉特通过使用"assessments"一词，表明其拟议成本是建立在以往和统计的基础之上的。问题的关键还是"assessments"的普通意义。《韦氏大学词典》和《美国传统词典》将其名词形式定义为"the action or an instance of assessing（评估的行为或情况）"。由于名词形式是从动词形式衍生而来的，字典将"assess"定义为：

1. to determine the rate or amount of（as a tax）[确定（税）的价格或数量]

2a. to impose（as a tax）according to an established rate［根据已有价格征（税）］

2b. to subject to a tax, charge, or levy（属于税、收费或征税）

3. to make an official valuation of（property）for the purposes of taxation［以征税为目的制作一个针对（财产）的官方估价］

4. to determine the importance, size, or value of（确定……的重要性、幅度或价值）

同义词：见 estimate

"assessment" 的这些普通意义仅能够表明，通过估计、评估或评价可以确定一个价格或估价，但对完成此事所使用的方法没有任何指示。如果普拉特打算将其意义表示为"以往与卖方的经验为基础的统计量化"，就有必要在其文本中明确地说明此事。

阐述上述大部分内容的报告提交给政府后，又经过了很长时间。奇怪的是，法庭并没有让本人宣誓作证。然而，几个月过后，本人接到普拉特律师的电话，他告诉本人政府已经改变其在本案中的意见，并且提交一份含有新意见的修正起诉书，该起诉书保留了有关普拉特使用词语意义的最初主张，目前特别地关注普拉特所使用的 "consideration"、"estimates"、"appropriate" 和 "based on our review of" 等词语的意义上，但是不再主张这些词语是普通含义。现在，政府表示其对建议书的当前理解是唯一正确的理解方式，普拉特已实施欺诈。

政府的新意见为一种略微不同的语言分析提供机会。从一开始本人就很清楚，尽管普拉特使用了简明清晰的词语，但是其建议书中未作说明的内容和作出说明的内容同样重要。政府修正的起诉书也为分析政府以其方式解释普拉特建议书所使用的策略提供机会。此外，政府指定从事此项工作十余年的代表丹尼尔·扎卡瑞迪在 2004 年 2 月所做的书面供词也可用来分析。

建议书中未作说明的内容

说明性语言证实，前文引用的普拉特建议书充满了不完整的陈述以及未说清楚和未作说明的内容。为了说明这一点，本人以 3.8.1 的每个句子为例，制作图表比较文本所表达的内容、无争议的意义，以及普拉特未说清楚的、表达含糊的和未作说明的内容。尽管报告中含有为每一个有争议的句子制作的图表，但在此仅提供下列两个图表作为例子：

3.8.1 第一句

文本语言	文本含义	文本中未包含的内容
Ceiling price quotes were decremented（最高限价报价有阶缩减）	• "不超出"独家卖方给出的报价 • 被降低或减少	• 这些最高限价报价指什么 • 如何减缩它们 • 减缩多少 • 减缩过程中使用哪些（个）因数 • 如何取得减缩系数
in the BAFO for consideration of（在审查……的最佳和最终报价中）	• 在最佳和最终报价中 • 考虑，把……考虑进去，反思，权衡	• 作出了什么考虑 • 考虑了哪些因素 • 考虑的结果是什么

224

续表

文本语言	文本含义	文本中未包含的内容
final settlement on sole sourced vendors（……独家卖方最终决算）	• 最终协议 • 那些唯一能够制造出普拉特所需零件的卖方	• 哪一个特定卖主？

普拉特第#8 项中的两个句子也使用了相同的分析过程，如下所示：

第#8 项（Item #8），第一句

文本语言	文本含义	文本中未包含的内容
This sheet displays a summary for PCAG recommendations...of decrement factors for ceiling type quotes［此文件为卖方对国防合同审计局（PCAG）的建议……缩减缩系数评作的总结］	• 这张纸 • 陈述（阐明） • 一个简要概括 • 普拉特购买者的判断 • 减缩因数 • 普拉特的战斗机引擎竞争建议书中所包含的"不能超出的"报价	• 哪张纸？ • 哪个购买者？ • 什么判断？ • 如何得到此判断？ • 减缩因素是什么？ • 哪个最高限价报价？ • 哪里包含？ • 哪种战斗机引擎？ • 哪份竞争建议书？ （还有其他未包含的内容）

1983 年，在收到普拉特的建议书和最佳及最终报价时，政府本可以采用一种非常有用的言语行为。如果政府并没有理

解普拉特所写的内容，而且认为或甚至注意到普拉特所说明的内容含糊不清且不完整，那么显然当时要做的事就应该是要求其阐明。直到多年后提起诉讼而且合同已到期很久，都没有相关事宜的记录。

政府如何解释普拉特的建议书

在起诉书中，政府指出 3.8.1 中的许多句子和第 8 项是"明知地虚假"，并宣称普拉特所报告的减缩系数并没有真正地反映出普拉特与其卖方的以往经验。政府似乎将其起诉基于以下两种解释：

1. 普拉特使用"consideration"、"appropriate"、"assess-ments"和"estimates"等词；且
2. 扎卡瑞迪先生试图重现普拉特所谓的决定缩减的过程。

政府对词语意义的解释属于下列语言学分析的范畴。政府试图重现普拉特的会计实务，这属于普拉特律师所聘请的其他专家的研究对象，本书将不涉及有关内容。

语言学分析

在提起诉讼后 4 年多的时间里，普拉特的律师已获得许多政府雇员和专家的证言。这一语言数据被添加到由修订后的政府起诉书和政府对普拉特质询书（interrogatories）的回应所构成的语料库中。通过研究该语料库，本人发现政府有三个常见的、反复使用的策略：①错误定义词语；②添词和删词，从而产生与普拉特文本中原有意义不同的意义；③推断普拉特实际使用的单词和短语中不明确的意义。本人的第二份专家证人报告详细地说明了上述内容，此处仅给出说明性的例子。

政府重新定义词语的策略

政府总是以与那些词语通常理解的意义不一致的方式重新定义普拉特使用的词语。这些错误定义中最值得注意的就是"consideration"、"appropriate"和"review"等名词。

226 　　关于"CONSIDERATION"，普拉特在其3.8.1和第8项的文件中几次用到"consider"和"consideration"两个词。其建议书被采购合同分析集团（PCAG）和国防合同审计局（DCAA）审查过，两者都对普拉特应做哪些缩减提出建议。普拉特提到过这些建议并表明"考虑过"这些建议。通用的词典使用以下词语来定义"consider"这一动词，如"to think carefully about（仔细想）、to ponder（沉思）、to think（想）、to believe（认为）、to suppose（推想）、to bear in mind（记住）、to look at（着眼于）、to regard（看待）、to reflect（思考）"等解释来定义动词"consider"。普拉特对"consideration"的使用与上述意义相一致。但是，扎卡瑞迪代表政府在第一次作证中对该词作了不同的定义：

Q：先生，政府如何解释3.8.1第一句中的"for consideration of"这一词语？

A：在本案情况下，它的意思是卖方的一些上限报价被缩减了。

随后，在同一次作证中，扎卡瑞迪先生被问到该词的动词形式，这一次是关于第8项中的内容：

Q：政府如何解释第8项第1页中出现的"considered"？

A：哦，我们知道右边一栏是用来标明最佳及最终报价的，所以实际上，这就是它所描述的内容。

Q：所以我的问题是，"considered" 等同于 "use" 吗？

A：是的，因为这就是购买缩减所发生的情况……

政府的另一位专家证人在其宣誓作证中，以另一种同样独特的方式定义该词。普拉特主张其最佳及最终报价确实有所缩减，但是没有表明他们是如何得出那些数字的。如果政府要证明普拉特对于如何得出那些数据没有提供任何线索，实际上就会支持普拉特的主张，即政府现在声称普拉特作了欺诈性的陈述是没有依据的。所以，政府随后请来了会计实务领域的一位专家。他在其宣誓作证中的证言是：在 3.8.1 文件中，当普拉特使用了 "considered" 时，该动词就描述了其获得缩减量的"方法"：

Q：现在，请为我指出 3.8.1 中出现的哪个或哪些特定的词语能够表明其是用来陈述方法的。

A：当然可以……"Ceiling price quotes were decremented for consideration of final settlement on sole source vendors."……此处正是对方法的陈述……当你在最佳和最终报价中说 "for consideration of final settlement on sole source vendors" 时，你就是在介绍方法。

尽管该专家并没有明确指出上述含义，但是他的意思可能是普拉特暗指一种方法，或者是他从普拉特的语句中推断出来的，然而普拉特在此并没有明确地说明是哪一种方法，即便是推断也要发挥想象力设想他是如何推断出来的。并且推断并不等同于明确表示，尤其在法律上。无论如何，在英语语言（或对这些词语的字典定义）中，根本没有任何迹象表明

"consider"或"consideration"的常规标准用法能够就以下事项提供任何线索：作出了什么考虑，考虑了哪些因素，考虑的结果是什么，此项考虑与谁相关，或构成此项考虑的因素是什么。考虑（consider）某事意味着想一想（think about）某事、记住它（bear it in mind）、着眼于（look at it），或者思考一下它（reflect upon it）。它并不像扎卡瑞迪先生所证明的那样，意味着"使用（to use）"或者"应用（to apply）"所考虑的内容，也不像会计专家试图表明的那样，明确地说明某一种方法。同样有趣的是，如果在进行合同谈判时，政府不知道普拉特使用"consideration"意味着什么，那么政府在1983年绝对有机会对此提出疑问。没有任何现存记录或报告显示普拉特曾经被问到过该问题。

关于"APPROPRIATE"，在3.8.1和第8项中，普拉特在"适当估价（appropriate estimates）"和"适当考虑（appropriate consideration）"等语境中使用了"适当的（appropriate）"这个词。在某个句子中，普拉特说，"我们不认为适当的估价（appropriate estimate）应该完全以国防合同审计局为依据，而是应该考虑（consider）以上所指出的供应商过去的经验"。在另一句中，普拉特又说道，"在这方面我们没有反对国防合同审计局，而且我们已经在最佳及最终报价中适当地考虑了（appropriate consideration）上述问题"。政府认为，普拉特在这些例子中明知且虚假地使用"适当的（appropriate）"一词。我们找到的对形容词"适当的（appropriate）"一词的字典定义如下："适当的（suitable），适合的（fitting），兼容的（compatible）"。然而，我们没有找到一种定义该词的方式能够表明形容词"适当的（appropriate）"使用条件。"适当地考虑（Appropriate consideration）"在普拉特看来"适当"吗，还是在美国空军和政府看来是适当的？普拉特的话语并没有告诉我们这一点。显然，政府只能通过自己的筛选法或观念来理解。有趣的是，1983 年在提交建议书时，并没有对该词语提出质疑，但这却在大约 20 年之后成为诉讼的核心。

显然，政府是从自己的角度定义该词语的，然后声称普拉特明知且虚假地使用"适当的（appropriate）"一词。

关于"REVIEW"，在 3.8.1 的第 2 句中，普拉特说到，"适用的年度减缩系数在我们分析采购**合同分析集团（PCAG）**提供给每位供应商，以及已知买方与相关个体卖方的以往经验的建议的基础之上制定的（黑体字表示强调）"。在起诉书中，政府认为这句话也是明知且虚假的。

在 3.8.1 第 A.1 段中，政府认为普拉特已声明，根据采购合同分析集团对每位供应商和已知买方与相关独立卖方的过往经验的建议，在最佳和最终报价中已制定并应用上限报价缩减。这里，政府把"根据对采购合同分析集团的建议的分析"重新界定为"根据采购合同分析集团的建议"。此处的语义跳跃与政府在"consideration"一词处的语义跳跃相似。如果考虑某事被错误地定义为采纳某事，那么，同样地，分析某事为什么不能意味着分析的结果等同于分析对象呢？对于动词"分析（to review）"的一般理解完全不能说明分析对象是应该被赞同、否决还是被采纳。大部分字典中所列出的"review"的相关含义有："再一次研究某内容的过程，为研究所涉及的练习，一般调查、检查或调查，某事的第二次或反复观察，回顾过去，精神调查"政府不只错误地定义了"consideration"、"appropriate"和"review"，而且，在扎卡瑞迪先生的誓词中，当问及表格 DD 633（即要求承包商提交的标准表格），在表中普拉特使用了"顶级项目 DD 633s"这一短语的有关事项时，发生了以下一段谈话：

> **Q**：政府从普拉特使用的"顶级项目 DD 633s"这一短语中理解到了什么意思？
>
> **A**：概要（summaries）。
>
> **Q**：所以政府将"顶级项目 DD 633s"这一短语解释为"概要"？
>
> **A**：是的。

很难想象怎么能够得到这样一个阐释。

添词或删词的政府策略

除了为满足自己的诉讼目的而错误地定义词语之外，政府有时也向普拉特实际所说的内容中添加词语，有时也删除普拉特所说过的话语。两种策略都导致普拉特的文件意义发生改变。尽管在政府的专家证词中这种事屡见不鲜，但以下是该策略的几个例证。在宣誓作证过程中的某一时刻，扎卡瑞迪先生认为普拉特已表明运用了若干减缩系数。普拉特的律师问道：

> **Q**：3.8.1 中哪里提到了在第 8 项中出现的"缩减系数"（decrement factors）？
>
> **A**：……没有找到你们所用的确切词语。
>
> **Q**：实际上，3.8.1 中根本没有提到过"缩减系数"，特别是带有一个"s"的复数形式，对吗？
>
> **A**：那个词语倒是没出现过。

普拉特的律师几分钟后又重复了他的问题：

> **Q**：请明确地告诉我，在 1983 年 12 月 5 日普拉特提交的

任何文件中，普拉特在哪里说过该公司正在将其所有独家厂商的上限报价减少 220BOM（物料清单）。

A：在最佳及最终报价中，我没看到这些确切的词语。

Q：所以这是政府再一次对最佳及最终报价的曲解……此文件中根本没有出现，是吗？

A：是的，我认为没有。

Q：第#8 项中，普拉特在哪里说过列在第#8 项第 2 页右边一栏的缩减系数适用于 "DEEC"？

A：它并没有使用 "DEEC" 这一词语。

Q：但是，在这份文件中普拉特并没有提到此事，不是吗？

A：嗯，那么这就是惯例……那份文件确实没有使用这种表达，但是从政府的立场来看，事实已有效地使这种陈述不言而喻。

Q：扎卡瑞迪先生，在第 8 项第 1 页中，你看到 "used" 或 "use" 等词语了吗？

A：没有，我不知道。

　　回到文件 DD 633 这一例证中，政府代表公开地承认词语 230 "summaries" 并未出现在普拉特的陈述中，而是他在解释时增添了此词语的含义：

Q：扎卡瑞迪先生，你在那段文字中看到 "summaries" 这一词语了吗？

A：并不在这一段。

Q：所以是由于政府对这段和这句话的曲解才添加了 "summaries" 一词，该词本来并没出现在那里，对吗？

A：是的，这是按照指示。

扎卡瑞迪先生运用增添普拉特未用之词的策略，最引人注目的一个例子如下所示：

Q：1983 年 12 月 5 日普拉特提交的文件中，在哪里确定了一个复合减缩系数，既然你使用了这个词？

A：但是，在没有提供的文件中用了这个词。这个词出现在他们撤回的文件中。

政府的这一主张再清楚不过了，即普拉特用根本没有提及的词语来表达意思。

政府推断含义的策略

在扎卡瑞迪先生作为政府代表的宣誓作证过程中，他多次直接和间接地承认他已推断过普拉特的文件以及政府起诉书中某些段落的含义。在某些场合，他公开地承认推断行为，使用"推断出（it is inferred）"、"根据推测（by inference）"、"实际上（in effect）"和"在我脑海中呈现（represents in my mind）"等词语。在其他场合，他运用背景知识来指导推断，例如，他说他或政府"知道（knows）"或者"曾知道（knew）"，以及他提到"读者的知识（the reader's knowledge）"。他的某些推断产生于一些单词或表达，这些单词或表达公认没有在普拉特的文本中出现，例如，当他使用像"据说（purported to）"、"看起来像（gives the appearance of）"和"致使某人相信（leading one to believe that）"等表达法的时候，而且，他甚至从"在没有提供的文件中（in documents not provided）"和"并不在此的资料（what's not here）"这样的表达中得出推断。他也呼吁其推断的合理性本质，使用如"逻辑（logic）"和"常识（common sense）"等表达。在某些情

况下，他提出完全的猜测和个人见解，使他得出自己结论，例 231
如，"我相信（I believe）"、"我认为（I think）"和"我猜（I
can guess）"。政府大量使用推断含义的策略，致使其在起诉书
中非常谨慎地举出几个说明性的例证：

Q："上限限价报价"这一词语告诉读者什么是最高限额
报价了吗？

A：我认为读者会将其理解成有关政府将要购买的引擎的
报价。

Q：在 3.8.1 中，哪里提到普拉特正在"减缩其所有独家
卖方的上限报价（decrementing all its sole source ceiling
quotes）"？

A：嗯，通过推断，它当然提到了。

Q：所以你是在对此曲解，对吗？

A：我不认为这是曲解。我认为这是根据对所有使用过的
证明文件以及美国空军对所有那些上限报价分析的理解而得出
的，理性的人都能预料到。

Q：3.8.1 中反映出了哪些判断因素？

A：它阐述了对他们所做事情的解释，这将使人们认为存
在能够进一步证实的辅助性证明文件，而且也导致其他人能够
证实他们所做的事情。

Q：那句话是否说明自动调节被提高了还是被降低了？

A：嗯，它描述了最新的 DRI 预测。当一位承包商使用了
一个已知指数时……你需要使用当前可得到的最新预测，这是
预料之中的事。所以我认为这一句说明，或者使人们认为这就
是他们所做的事情。

Q：但是普拉特所使用的词语并没有确切地解释普拉特做

了什么，对吗？

A：它省去了有关普拉特所做事情的关键性词语，但是我认为他们已经猜到了此事并且认为已使用了最新的 DRI。

Q：所以你是在对第 8 项第 1 页上普拉特的陈述妄加解释，对吗？

232　　　**A**：采购合同分析集团的建议仅与 DEEC 及副本有关。所以通过推断，实际情况是，他们没有说出，但是实际上就是这么回事。

Q：政府认为在普拉特提交的文件中，在哪里说明了它"应用了（applied）"第 8 项中提出的减缩系数？

A：我们知道普拉特确实应用了。第 8 项和 3.8.1 讨论的是缩减的应用和发展，所以我认为，3.8.1 的作者告诉我们，这就是其意图所在。

有关 1983 年普拉特提交其最佳及最终报价这一真实事件，没有任何有效的证人记忆，政府的观点基于以下两个因素：政府解释普拉特的文件 3.8.1 和第#8 项的方式，以及扎卡瑞迪先生按照其认为普拉特当时计算缩减的方式重建的会计分析。语言学分析仅能为第一个因素提供支撑就证明了，政府的起诉书及其指派的专家证人代表——扎卡瑞迪先生——使用了三种策略试图证明自己的观点。他们以违反通常规理解的方式释义词语，他们添加并删减普拉特在其文件中所使用的词语，而且，他们仅以有利于自己论据的方式推断词语的意义。

有些案件包含语言学家专业领域外的知识，如会计、飞机制造业和政府采购过程，致使这些语言学家在处理案件的过程中要学习更多东西。他们虽然是在处理语言问题，但是使用语言的语境可以是非常复杂的。值得再一次强调的是，获得一个超出争议文件 3.8.1 和第#8 项范围之外的语料库是非常有帮助的。本案的独特之处在于，本质上它必须获得两次语料库，分别为政府的两个不同意见而准备。本案的独特之处还在于，普拉特在其文件中未作说明的内容与其作出说明的内容同样值得关注且有用。当然，这个问题导致了语义学领域的讨论，这在区分政府对语言的解释与普拉特的解释方面发挥了重要作用。本案认真地比较了政府是如何使用"estimate"、"consideration"、"assessment"、"appropriate"和"review"等词语的，这告诉我们，语义分析必须要在语境中进行。

233 **附　录**

在公司民事案件中语言学家如何能够提供帮助

本书已描述 7 类涉及公司的民事案件。在所有案件中，语言的使用，无论是书面形式还是口语形式，都在文字之争中发挥核心作用。在此类案件中，语言学家要对律师提供帮助，必须满足某些需要，例如，提供充足的资料以供分析、具有装备精良的工具，并提供清楚、明确的报告。如需了解对法律语境中语言学应用更加详细的描述，请见 2006 年舒伊的书。

需要充足的资料

为了帮助处于文字之争中的律师，语言学家需有足够的语言资料以供分析。律师通常会提供他们可得到的所有资料，但是语言学家也可以建议通过其他渠道寻找更多的支持性资料，如电子检索单词或短语、字典或者传统语言用法的其他出处。然而，通常情况下，律师会为语言学家提供所需要的大部分语言资料。

本书中所描述的案件涉及多种语言资料，包括书面合同、州法、广告、存款单、商品上的警告标识、政府机构规章、谈话的磁带录音、字典、用户操作指南、书和小册子的完整文本、演讲、商务便函、媒体文章、法律文书、餐馆菜单以及证词记录。这个资料单的多样性和丰富性并不惊人，因为大部分生命活动都与语言密切相关，涉及公司的民事案件也不例外。对于语言学家来说，这就是他们要分析的资料。而在律师看来，这意味着需要请语言学家运用语言分析工具来发现语言证据的意义。

需有完备的工具

234

当语言学家着手分析某特定案件中的资料时，他们有或者应该有一个充满分析方法的工具箱以供选择。正如该例所示，这些语言学工具包括语音学、形态学、句法学、语义学、语用学、言语行为、话语分析、历史语言变化以及可理解性。最理想的状态是，语言学专家能够在适当的分析时候使用适当的分析工具。

语音学

由于民事案件主要牵涉书面语言，好像不需要语言学家在语音学方面提供帮助。但是在（第 11 章）涉及产品法律责任的飞机失事案件中，语音学起到了非常重要的作用。此外，在商标案件中，纠纷的焦点是商标听起来是否相似，娴熟的语音学技能是至关重要的。而且，在任何涉及磁带录音证据的诉讼中，语言学家必须具有精确的语音学能力。甚至在（第 3 章）有关核心雇员协议的合同纠纷中，可能一句话的可预测语调也会发挥重要作用。

形态学

在（第 11 章）产品责任案件中，资料中包括空对地的无线电通话，飞行员准确、恰当以及标准的英语语素输出这一语

言特征等，它们均有助于表明飞机坠毁时，飞行员并没有受
TMPP 的影响。在（第 13 章）有关歧视的案件中，语素结构
是语言的特征之一，调查发现该语言特征能够帮助法院判定，
房产经纪公司确实可以从电话交流中少量的口语中确认种族身
份。在（第 5 章）某工业输送系统制造商打出一则广告中，
在确定该广告是否依据过去的研究或试验的问题上，一般现在
时语素与过去时语素的对比提供了帮助。尽管构词学通常在帮
助解决商标纠纷方面很重要，但是在本书所说明的两个案例中
并没有起支配作用（参见 2002 年舒伊的书）。

235 句法学

在关于核心雇员协议的合同纠纷（第 3 章）中所应用的
句法关注句法范围，即句子中的一个短语在该句中具有 3 个以
上可识别的情况。在飞机失事一案（第 11 章）中，飞行员所
使用的恰当的句法帮助语言学家证明他并没有被所称的从引擎
溢出的一种气态物质所影响。餐馆菜单（第 16 章）的句法对
解决该商标案件作出重要贡献。在采购欺诈（第 18 章）一案
中，政府的立场取决于其对引擎制造商发出的建议书中句法的
独特且语法上不准确的解释。

语义学

在合同纠纷案件（第 1 章）中，如介词 "on" 和 "in"
等小词的语义被证明在理解书面文本方面极为重要。动词
"contract"，以及 "other"、"customers"、"effectively"、"lim-
its" 和 "trip" 的意义对理解其他合同纠纷（第 2、3 章）至
关重要。"customers"、"effectively" 和 "limits" 的语义构建
了对另一个案件（第 4 章）的分析。在贸易欺诈案（第 6

章）中，动词"stop"和"quit"的意义是分析的核心。"non renewed"与"dismissed"之间的本质区别对该歧视案件（第15章）极为重要。在商标纠纷案件（第17章）中，原告与被告对于如何定义"life"一词分歧巨大，而且在采购欺诈（第18章）一案中，理解和释义关键词语上的差异起着决定性作用。

语用学和言语行为

通常在有关危险说明有效性的产品法律责任案件（第8~10章）中，警告的言语行为起支配作用。尽管在审判中并没有检验过言语行为构成剽窃，但是在侵犯版权案件（第12章）中，它似乎起着积极有效的作用。推断出的意义在采购欺诈（第18章）一案中至关重要，而且在飞机失事一案（第11章）中构建了原告与被告双方的意见。作者的专一性或明确性的缺失，或者二者的缺失，都会使读者不得不推断文本的含义，这是构成本书中涉及书面文本资料的大部分案件的基础，这类文本资料包括商务合同、广告、存款单、危险说明以及合同采购建议书。

话语分析

在产品法律责任案件（第9、10章）中，选择、介绍及排列主题的方式构成了对用户指南分析的主要内容。在3起欺诈贸易案件（第5~7章）和版权案件（第12章）中，该方式也同样重要。

历史语言变化

尽管语言随时间推移的变化在解决公司民事案件方面可能

看似并不重要，但是在（第 7 章）欺诈贸易实务案件中却至关重要，这类案件涉及"interest"、"compound interest"及"simple interest"等词语的意义随时间而演变。此外，在涉及菜单项目的商标案件（第 16 章）中，导致形成现在的标记和未标记形式的历史变化也发挥着重要作用。

可理解性

尽管语言学家不能声称其确切地知道信息的发出者想要表达什么，或者信息的接收者实际上又理解到哪些内容，但是信息文本本身能够为可能的意图和可能的理解提供线索。有关危险说明的产品法律责任案件（第 8 ~ 10 章）就是很好的例证。但问题是，是否遵循了格赖斯（Grice）的有效交际准则（尤其是数量准则、关联准则和方式准则）。可理解性也取决于文件设计的质量，包括印刷的大小和样式、凸显、（印刷的）清晰度、句子的复杂性、副标题、着重号以及其他因素。

关于所有语言学分析工具，还有一件事应该说明。语言学家不但要分析现成的语言，还要论证文本的作者如何能清楚地、明确地说明其观点。在本书的许多案件中，运用更加有效的言语行为和语法形式是可以避免诉讼的。突出文本的模糊性和错误表达的有效办法是，说明如果作者确实想要表达主张应该如何用词。有效的办法是：在指出文本不足的同时，提出有助于表达作者意图的办法。

清晰陈述的需要

任何领域的专家试图将其所知应用到一个不同领域时，有可能出现误解。这意味着语言学家将其工具应用到法律纠纷中时不得不非常谨慎，必须要以律师、法官以及陪审团能够理解的方式来进行论述。无论语言学家的分析是多么正确，都有可能不被采纳，除非语言学家采用格赖斯准则中所建议的步骤：

1. 信息性。分析必须在语言上是正确的。决不能容忍忽略或歪曲语言学领域内容的劣质的分析。不幸的是，并不是每一位声称自己是语言学家的人都精通此领域的所有内容。对律师来说，这就意味着他们需要仔细地挑选语言专家，要挑选在前文提到的分析工具方面训练有素的、有经验的，并且在该领域有出版物和有地位的专家。也就是说，他们应该选择享有盛誉的语言学专家。由于语言学是一个公认的学术领域，显然，律师寻找专家的一个好方法就是，联系某大学的语言学院或中心，那里通常有这方面的专业人才。

2. 关联性。分析应该只涉及案件中提出的语言问题，而不应该是一个让听众了解的不相干的语言学细节平台。与专家习惯于展示其正确与创新的学术研讨会不同，审讯、宣誓作证以及专家报告并不是一个炫耀某人知识的讨论会。通常情况下，知道不应该说什么与知道应该说什么同样重要。与案件相关的内容并不总是与专家自己领域相关的内容相同。

3. 清晰性。这一点对于语言专家而言通常很难。和大多数专业人士一样，语言学专家习惯以自己的方式思考，并且使用自己的专业术语，以至于产生使其听者或读者不懂其意的风险。在陪审团或法官面前，使用最新的或最具技术性的语言学术语可能远远不比使用法庭通用的语言更有效。例如，"左嵌入（left embedding）"这一语言学术语可能在语言学家听来非常熟悉，但是

238

法庭中的听众可能会更好地理解比这简单的词语，如"句子复杂性"，即使该词语没有那么准确。语言学家所提供信息的顺序甚至也应该遵循外行听众的逻辑。这一点在中毒性休克一案（第 10 章）中有所证明。专家要达到清晰、有效的效果，一个重要的方式就是，在其口头陈述中加入视觉要素。我发现当语言学外行看到解释说明复杂事件或观点的简单图表时，更容易被说服。本书中的案例对这一点有所说明。相比听到的内容，人们能够更清楚地记住所看到的内容，与所读到的文本相比，人们能够更清楚地记住路标式图表中所看到的内容。当今的技术使得视觉辅助设备成为可能。

最后需要注意的一点就是，本书的目的在于引起三类目标读者的注意。我希望，那些为公司代理民事案件的律师在公司民事案件中为词语而战之时，会变得更加关注语言学家所提供的资源，有些工具是他们从未听说过的。我也希望，语言学家一直在展示应用语言学这一重要领域，可以为他们提供所需要的资料去解决问题，推动该领域的发展，从事有趣和急需的工作，为课堂教学提供示例。最后，我希望学生能够接触到一个丰富的语言资料来源以及语言学家的分析，这会帮助他们用现实生活中的资料来扩大课堂上不时出现的抽象的、假设的建议，在这个动态的、令人振奋的法律语言学领域进行分析。

参考文献

Baldwin, John, and Peter French. 1990. *Forensic Phonetics.* London: Pinter.

Barbato, C. A., and J. C. Feezel. 1987. The language of aging in different age groups. *Gerontologist* 27. 4: 527 ~ 531.

Beebe, Barton. 2004. A semiotic analysis of trademark law. *U. C. L. A. Law Review* 51: 621.

Bell, Alan. 1991. *The Language of News Media.* Oxford: Blackwell.

Blackett, Tom. 1998. *Trademarks.* Houndmills: Macmillan.

Blum, Brian A. 2001. *Contracts.* 2nd ed. New York: Aspen.

Brown, Gillian, and George Yule. 1983. *Discourse Analysis.* Cambridge: Cambridge University Press.

Canter, David, and Laurence Alison. 1999. *Interviewing ancl Deception.* Aldershot: Ashgate.

Chaski, Carole. 2001. Empirical evaluations of language-based author identification techniques. *Forensic Linguistics: The International Journal of Speech Language and the Law* 8. 1: 1 ~ 65.

Clark, H. H., and S. E. Haviland. 1977. Comprehension and the given-new contract. In R. O. Freedle, ed. *Discourse Procduction and Comprehension,* 1 ~ 40. Norwood, N. J.: Ablex.

Coupland, Nikolas, Justine Coupland, and Howard Giles. 1991. *Language, Society and the Elderly.* Oxford: Blackwell.

Coupland, Nikolas, and Jon F. Nussbaum. 1993. *Discourse anal Lifespan Identity.* New-bury Park, Calif.: Sage.

Covey, H. C. 1988. Historical terminology used to represent older people. *Gerontologist* 28: 291 ~ 297.

Cruse, D. A. 1986. *Lexical Semantics*. Cambridge: Cambridge University Press.

Cushing, Steven. 1994. *Fatal Words: Communication Clashes in Aircraft Crashes*. Chicago: University of Chicago Press.

Dumas, Bethany K. 1992. The adequacy of cigarette package warnings: An analysis of the adequacy of federally mandated cigarette package warnings. *Tennessee Law Review* 59: 261 ~ 265.

Eglit, Howard. *Age Discrimination*. 2nd ed. 1994. New York: McGraw-Hill.

Ekman, Paul. 1985. *Telling Lies: Clues to Deceit in the Marketplace, Politics, and Marriage*. New York: Norton.

Fasold, Ralph. 1984. *The Sociolinguistics of Society*. Oxford: Blackwell.

Felker, Daniel B. 1980. *Document Design: A Review of Relevant Research*. Washington, D. C.: American Institutes for Research.

Felker, Daniel B., Frances Pickering, Veda R. Charrow, V. Melissa Holland, and Janice C. Redish. 1981. *Guidelines for Document Designers*. Washington, D. C.: American Institutes for Research.

Galasiński, Dariusz. 2000. *The Language of Deception: A Discourse Analytical Study*. Thousand Oaks, Calif.: Sage.

Garner, Bryan. 2001. *Legal Writing in Plain English*. Chicago: University of Chicago Press.

Gilson, Jerome, and Anne Gilson Lalonde. 1999. *Trademark Protection and Practice*. Cumulative Supplement. Vols. 1 & 3. New York: Matthew Bender.

Gorman, Robert A. 1963. Copyright protection for the collection and representation of facts. *Harvard Law Review* 76: 1569 ~ 1605.

Green, Georgia. 1988. *Pragmatics and Natural Language Understanding*. Hillsdale, N. J.: Erlbaum.

Grice, H. P. 1967. *Logic and Conversation*. Unpublished Manuscript of the William James Lectures, Harvard University.

——. 1975. Logic and conversation. In P. Cole and J. Morgan, eds., *Speech Acts*, Vol 3 Of *Syntax and Semantics*, 41 ~ 58. New York: Academic.

Halliday, M. A. K. 1967. The linguistic study of literary texts. In Seymour Chapman and Samuel R. Levin, eds., *Essays on the Language of Literature*, 217 ~ 223. Boston: Houghton Mifflin.

Hollien, Harry. 1990. *The Acoustics of Crime*. New York: Plenum.

——. 2001. *Forensic Voice Identification*. New York: Harcourt.

Huddleston, Rodney, and Geoffrey K. Pullum. 2002. *The Cambridge Grammar of the English Language*. Cambridge: Cambridge University Press.

Hummert, Mary Lee, Teri A. Garstka, and Jaye L. Shaner. 1995. Beliefs about language performance: Adults' perceptions about self and elderly targets. *Journal of Language and Social Psychology* 14. 3: 235 ~ 259.

Hummert, Mary Lee, John M. Wiemann, and Jon F. Nussbaum. 1994. *Interpersonal Communication in OIder Adulthood*. Thousand Oaks, Calif.: Sage.

Johnston, Donald F. 1978. *Copyright Handbook*. New York: R. R. Bowker.

Kimble, Joseph. 1992. "Plain English: A charter for clear writing." *Thomas M. Cooley Law Review* 9. 1: 1 ~ 58.

Kinsbourne, Marcel. 1980. Language and communication in the elderly: Experimentation and rehabilitation. In Loraine K. Obler and Martin L. Albert, eds., *Language and Communication in the Elderly*, 153 ~ 158. Lexington, Mass.: Lexington Books.

Labov, William. 1966. *The Social Stratification of English in New York City*. Washington, D. C.: Center for Applied Linguistics (reprinted in 1982).

——. 1972. *Sociolinguistic Patterns*. Philadelphia: University of Pennsylvania Press.

Ladas, Stephen P. 1975. *Patents, Trademarks and Related Rights: National and International Protection*. Vol. 2. Cambridge, : Harvard University Press.

Larsen, Lex K. 1994. *Employment Discrimination*. 11 volumes. New York: Matthew Bender.

Lessig, Lawrence. 2004. *Free Culture: How Big Media Uses Technology and the Law to Lock down Culture and Control Creativity.* New York: Penguin.

Levinson, Stephen C. 1983. *Pragmatics.* Cambridge: Cambridge University Press.

Lewis, Harold S., Jr., and Elizabeth J. Norman. 2001. *Employment Discrimination Law and Practice.* St. Paul, Minn.: West Group.

Maddox, George L. 1987. *The Encyclopedia of Aging.* 2nd ed. New York: Springer.

McCarthy, Thomas. 1997. *McCarthy on Trademarks and Unfair Competition.* 4th ed. Vols. 3 and 4. St. Paul, Minn.: West Group.

McCawley, James. 1978. Conversational implicature and the lexicon. In P. Cole, *Pragmatics*, Vol. 9 of *Syntax and Semantics*, 9: 245 ~ 259. *Pragmatics*, New York: Academic.

McMenamin, Gerald. 1993. *Forensic Stylistics.* Amsterdam: Elsevier.

——. 2002. *Forensic Linguistics: Advances in Forensic Stylistics.* Baton Rouge, La.: CRC Press.

Miller, Gerald R., and James B. Stiff. 1993. *Deceptive Communication.* Thousand Oaks, Calif. : Sage.

Nelson, Robert L., and William P. Bridges. 1999. *Legalizing Gender Inequality.* New York: Cambridge University Press.

Nimmer, Melville B., and D. Nimnier. 2000. *Nimmer on Copyright.* New York: Matthew Bender.

Nuessel, Frank. 1982. The language of ageism. *Gerontologist* 22: 273 ~ 276.

——. 1992. *The Image of Older Adults in the Media: An Annotated Bibliography.* Westport, Conn.: Greenwood.

Obler, Loraine K., and Martin L. Albert. 1980. *Language and Communication in the Elderly.* Lexington, Mass.: Lexington Books.

Olsson, John. 2004. *Forensic Linguistics: An Introduction to Language, Crime and the Law.* London: Continuum.

Palmore, Erdman B. 1990. *Ageism: Negative and Positive.* New York: Springer.

Player, Mack A. 1999. *Federal Law of Employment Discrimination in a Nutshell.* St. Paul, Minn.: West Group.

Robinson, W. Peter. 1996. *Deceit, Delusion, and Detection.* Thousand Oaks, Calif.: Sage.

Salcedo, R. N., H. Reed, J. F. Evans, and A. C. Kong. 1972. A broader look at legibility. *Journalism Quarterly* 49: 285 ~ 289, 295.

Searle, John. 1969. *Speech Acts: An Essay in the Philosophy of Language.* Cambridge: Cambridge University Press.

Shuy, Roger W. 1990. Warning labels: Language, law, and comprehensibility. *American Speech* 65. 4: 291 ~ 303.

——. 1993. Language evidence in distinguishing pilot error from product liability. *International Journal of the Sociology of Language* 100/101: 101 ~ 114.

——. 1998. *The Language of Confession, Interrogation and Deception.* Thousand Oaks, Calif.: Sage.

——. 2002. *Linguistic Battles in Trademark Disputes.* Houndmills: Palgrave Macmillan.

——. 2006. *Linguistics in the Courtroom: A Practical Guide.* New York: Oxford.

Shuy, Roger W., and Frederick Williams. 1973. Stereotyped attitudes of selected English dialect communities. In Roger W. Shuy and Ralph Fasold, eds., *Language Attitudes: Current Trends and Prospects*, 85 ~ 96. Washington, D. C.: Georgetown University Press.

Shuy, Roger W., Walt Wolfram, and William K. Riley. 1968. *Field Techniques in an Urban Language Study.* Washington, D. C.: Center for Applied Linguistics.

Smith, J. M., and M. E. McCombs. 1971. Research in brief: The graphics of prose. *Visible Language* 5: 365 ~ 369.

Solan, Lawrence. 1993. *The Language of Judges*. Chicago: University of Chicago Press.

———. 2001. The written contract as a safe harbor for dishonest conduct. *Chicago-Kent Law Review* 77. 1: 87 ~ 120.

Strong, William. 1999. *The Copyright Book: A Practical Guide*. 5th ed.   Cambridge: MIT Press.

Tiersma, Peter M. 1999. *Legal Language*. Chicago: University of Chicago Press.

———. 2002. The language of law of product liability warnings. In Janet Cotterill, ed., *Language in the Legal Process*, 59 ~ 71. Houndmills: Palgrave Macmillan.

Tinker, M. A. 1965. *Bases for Effective Reading*. Minneapolis: University of Minnesota Press.

———. 1969. *Legibility in Print*. Ames: Iowa State University Press.

索　引

图书在版编目（ＣＩＰ）数据

文字之讼:语言与民事案例/(美)舒伊著;沙丽金, 张茜译.--北京:
中国政法大学出版社, 2012.8
ISBN 978-7-5620-4438-3

Ⅰ. ①文… Ⅱ. ①舒… ②沙… ③张… Ⅲ. ①法律语言学 Ⅳ.
①D90-055

中国版本图书馆CIP数据核字(2012)第172945号

书　　名	文字之讼——语言与民事案例	
	Wenzi Zhisong Yuyan yu Minshi Anli	
出版发行	中国政法大学出版社(北京市海淀区西土城路25号)	
	北京 100088 信箱 8034 分箱　邮编 100088	
	http://www.cuplpress.com（网络实名：中国政法大学出版社）	
	58908325(发行部)　58908334(邮购部)	
编辑统筹	综合编辑部　010-58908524　dh93@sina.com	
承　　印	固安华明印刷厂	
规　　格	880mm×1230mm　32 开本　10.25 印张　235 千字	
版　　本	2013 年 1 月第 1 版　2013 年 1 月第 1 次印刷	
书　　号	ISBN 978-7-5620-4438-3/D·4398	
定　　价	29.00 元